AF337653

LES ESTIENNE

ET

LES TYPES GRECS DE FRANÇOIS Ier.

AUTRES OUVRAGES DE M. AUG. BERNARD RELATIFS A L'IMPRIMERIE

QU'ON TROUVE A LA MÊME ADRESSE.

NOTICE HISTORIQUE SUR L'IMPRIMERIE NATIONALE. 1 vol. gr. in-32. Paris, 1848. 1 fr.

DE L'ORIGINE EN DES DÉBUTS DE L'IMPRIMERIE EN EUROPE. 2 vol. in-8°, avec planches. Paris, 1853. 16 fr.

ARCHÉOLOGIE TYPOGRAPHIQUE. Recueil in-8° destiné à réunir quelques dissertations sur l'imprimerie trop peu considérables pour former volume; mais complétement distinctes par le titre et les folios; la 1re livraison est intitulée :

Voyages typographico-archéologiques en Allemagne, en Belgique, en Hollande, en Angleterre, etc. Bruxelles, 1853.

Le présent travail sur les Estienne forme la 2e.

La 3e, qui paraîtra prochainement, aura pour titre :

NOTICE SUR GEOFROY TORY, RÉNOVATEUR DE L'IMPRIMERIE ET DE LA GRAVURE EN FRANCE AU COMMENCEMENT DU 16e SIÈCLE. 1 vol. in-8°, orné de gravures.

LES ESTIENNE

ET

LES TYPES GRECS DE FRANÇOIS IER,

COMPLÉMENT DES ANNALES STÉPHANIENNES

RENFERMANT

L'HISTOIRE COMPLÈTE DES TYPES ROYAUX

ENRICHIE D'UN SPÉCIMEN DE CES CARACTÈRES

ET SUIVIE D'UNE NOTICE HISTORIQUE

SUR LES PREMIÈRES IMPRESSIONS GRECQUES;

PAR AUG. BERNARD.

A PARIS,

EDWIN TROSS, 28, RUE DES BONS-ENFANTS

(MAISON SILVESTRE).

1856.

La première partie de ce travail est extraite du BULLETIN DE LA SOCIÉTÉ DU PROTESTANTISME FRANÇAIS, 4e année, cahiers 4 et 5.

AVANT-PROPOS.

Il y a des préventions fatales contre lesquelles la vie la plus noble ne saurait défendre : il a suffi quelquefois de l'absurde assertion d'un ignorant pour perdre une réputation sans tache. Tel est particulièrement le cas de celle de Robert Estienne, qu'on a accusé d'avoir ravi à la France, disons le mot, d'avoir *volé* les types des caractères grecs gravés par ordre et aux frais de François Ier. Vainement quelques savants ont-ils élevé la voix pour justifier d'une pareille accusation le plus illustre membre d'une famille qui a jeté tant d'éclat sur notre pays : l'accusation a prévalu. Peut-être est-ce un peu la faute des défenseurs officieux de Robert Estienne : en effet, leur argumentation était plutôt basée sur leur bonne opinion de l'accusé que sur les faits eux-mêmes, fort mal connus jusqu'ici. Ils niaient qu'une action aussi blâmable eût pu être commise par un homme d'un caractère aussi élevé ; mais les circonstances de l'affaire semblaient leur donner tort. J'ai pensé qu'il convenait d'éclaircir cette question historique, qui n'est pas sans intérêt : voilà l'origine et le but de la notice qu'on va lire. Pour porter un jugement sérieux, j'ai dû faire l'histoire des types grecs de François Ier depuis leur origine jusqu'à nos jours. Ce que les savants n'ont pu résoudre à l'aide de la science seule, je crois l'avoir fait avec le secours de mes connaissances professionnelles et des documents que j'ai recueillis depuis un certain nombre d'années (1) sur ces beaux types que possède encore aujourd'hui l'imprimerie du gouvernement; mais dont elle ne fait plus usage, au grand regret des vrais hellénistes, la mode ayant fait préférer depuis quelque temps un grec *romain* que les savants devraient répudier pour l'honneur de l'art, sinon pour celui de la science.

(1) Je m'occupe depuis quelques années de l'histoire de l'imprimerie du Louvre et de ses éditions. A ce titre, je ne pouvais négliger celle des types grecs, qui sont comme le premier fond de cet établissement : c'était naturellement le premier chapitre de mon livre.

LES ESTIENNE

ET

LES TYPES GRECS DE FRANÇOIS IER.

I.

François Ier donne à Conrad Néobar le titre d'imprimeur royal pour le grec.

A peine élevé sur le trône (le 1er janvier 1515), à l'âge de 21 ans, François Ier s'entoura de savants, auxquels il confia les plus honorables charges, et dont il fit ses conseillers habituels. Plût à Dieu qu'il eût toujours suivi leurs conseils pacifiques ! Grâce à l'imprimerie, dont la découverte était encore récente, les lettres jetaient alors un éclat tout nouveau sur l'Europe occidentale. De tous les côtés les princes s'empressaient de favoriser cet art merveilleux, qui donnait à leur règne plus de gloire que les plus brillantes conquêtes. Quelques-uns, comme Pic de la Mirandole, abandonnèrent même leur couronne politique pour briguer celle de la science. François Ier, moins enthousiaste, essaya d'allier la gloire des armes à celle des lettres. Malheureusement, il faut l'avouer, ses entreprises militaires ne furent guère favorables à la France, et son titre de *père des lettres* est le seul qui puisse aujourd'hui sauver son nom de l'oubli (1). Non-seulement il s'entoura des

(1) En présence des résultats plus que négatifs des exploits militaires de François Ier, je ne m'explique pas pourquoi les artistes s'obstinent à le représenter toujours en guerrier. Cette disposition est surtout choquante dans la statue qui vient d'être érigée au Louvre. Dans ce palais des arts, on aurait pu représenter le prince avec l'un des savants et des artistes dont il aimait à s'entourer. Pour moi, à la place de ce gros cheval, qui a dû coûter inutilement tant de peine à M. Clésinger, j'aurais mieux aimé voir la figure d'un des commensaux du roi. N'aurait-on pas pu représenter, par exemple, François Ier en conférence avec l'architecte auquel on doit l'une des façades du palais, ou même, pour rentrer dans notre sujet, avec Robert Estienne, lors de cette célèbre visite où il ne voulut pas que son imprimeur se dérangeât pour le recevoir avant d'avoir achevé la lecture de l'épreuve qu'il avait commencée. Cette action vaut bien celle de Charles-Quint ramassant le pinceau du Titien.

savants qui étaient en France, mais il en attira de l'étranger. C'est lui qui fit venir à Paris, en 1519, pour y enseigner l'hébreu et l'arabe, le fameux Augustin Justiniani, qui avait publié en 1516, à Gênes, alors sous la domination française, un psautier polyglotte.

Parmi les autres savants qui illustrèrent le règne de François Ier, et auxquels ce prince accorda des faveurs particulières, il convient de mentionner Geofroy Tory, dont je fais connaître ailleurs les nombreux travaux (1). Son principal ouvrage est le célèbre *Champ fleury*, « auquel est contenu l'art et science de la deue et vraye proportion des lettres attiques, qu'on dit autrement lettres antiques. » Ce livre fut exécuté par Gilles Gourmont, le premier imprimeur en grec de Paris. On est heureux de voir figurer le nom de ce typographe sur un livre savant où on trouve des détails très curieux sur les lettres des alphabets hébreu, grec et latin, dont il offre des modèles qui n'ont pas varié depuis. Il fut achevé le 28 avril 1529, et valut à son auteur le titre d'imprimeur du roi : il était naturel de donner cet emploi à celui qui montrait une si parfaite entente des théories de l'art typographique.

Tory reçut sans doute le titre d'imprimeur du roi en 1530, mais nous ne le lui voyons prendre qu'en 1531, faute de monuments, et il ne le garda guère, car dès 1538 il avait un successeur, qu'il avait fait agréer à François Ier, et auquel il céda même son enseigne du *Pot cassé*. Cet imprimeur est Olivier Mallard, qui fut remplacé lui-même, en 1544, par Denis Janot, comme on l'apprend des lettres patentes données à cette occasion par le roi, et dont voici un extrait :

« François, etc., savoir faisons que nous, ayant esté bien et deuement advertis de la grande dextérité et expérience que nostre cher et bien amé Denis Janot a en l'art d'imprimerie..... et mesmement en la langue françoise; et considérant que nous avons jà retenu et fait deux nos imprimeurs, l'un en la langue grecque, et l'autre en la latine; et ne voulant moins faire d'honneur à la nostre..... iceluy (Denis Janot)..... avons retenu..... nostre imprimeur en ladite langue françoise..... » (2).

Nous venons de voir que François Ier mentionnait en 1544 la création d'imprimeurs royaux pour le grec et le latin. Voici dans quelle circonstance cette création eut lieu.

En 1530, sur le conseil de Guillaume Budé et d'un proscrit grec que j'ai déjà eu occasion de nommer ailleurs (3), Janus Lascaris, attiré en France par

(1) Voyez mon travail sur ce personnage.
(2) Voyez ma *Notice sur Geofroy Tory*.
(3) Voyez à l'Appendice ma *Notice sur les premières impressions grecques*.

Louis XII, François Ier fonda le Collége royal, qui fut l'origine du Collége de France. On l'appela alors le Collége des trois Langues, parce qu'il n'y eut d'abord que trois chaires, une pour l'hébreu, une pour le grec, et la troisième pour le latin. Cette dernière, dont le besoin ne se faisait pas aussi vivement sentir, grâce aux écoles de l'Université, ne fut même remplie qu'en 1534.

Mais ce n'était pas tout que d'avoir des chaires d'hébreu et de grec, il fallait des écoliers, et pour avoir des écoliers il fallait des livres dans ces langues. Pour encourager ce genre d'impressions, qui était encore fort négligé, François Ier nomma deux nouveaux imprimeurs du roi : l'un pour l'hébreu et le latin, Robert Estienne, l'autre pour le grec, Conrad Néobar; sans préjudice des droits d'Olivier Mallard, qui resta imprimeur du roi pour le français.

Nous n'avons pas l'acte qui confère à Robert Estienne le titre d'imprimeur du roi; mais nous avons la preuve qu'il le possédait dès 1539. Maittaire prétend (1), je ne sais sur quel fondement, que Robert fut nommé le 24 juin de cette année. Je crois que sa nomination est antérieure, c'est-à-dire qu'elle remonte, comme celle de Néobar, à 1538, ou pour mieux dire au commencement de 1539. Nous lui voyons en effet prendre le titre d'*imprimeur du roi* (*typographus regius*) sur plusieurs ouvrages imprimés par lui cette année. J'en citerai particulièrement trois que j'ai vus (2) :

1° Un *alphabet* (3) grec formant 47 pages in-8°;

2° Un *alphabet* hébraïque formant 30 pages in-8°;

3° Le volume de sa grande Bible hébraïque qui renferme les petits prophètes, et qui parut sous les auspices de François Ier, comme nous l'apprend l'imprimeur sur le titre même du livre (4).

(1) *Stephanorum historia*, p. 35. M. Renouard (*Annales des Est.*, 3e édit., p. 297) a suivi en cette occasion Maittaire, qui cite à tort et à travers des titres d'ouvrages, suivant sa méthode. Ainsi, pour cette date du 24 juin 1539, il renvoie au privilége du *Dictionariolum puerorum* de 1542, et à l'*initium* du volume de la grande Bible hébraïque qui renferme les petits prophètes. Or le premier ouvrage n'a point de privilége dans l'édition de 1542, non plus que dans les suivantes, et les petits prophètes n'ont point d'autre *initium* que ce qu'on lit sur le titre, où il n'y a point d'autre date que celle de l'*année* (1539). Toutefois je dois reconnaître que cette date du 24 juin 1539 est aussi indiquée pour la nomination de Robert Estienne dans un des registres de la chambre ou communauté des libraires (aujourd'hui à la Bibl. nat.); mais peut-être a-t-elle été empruntée au livre de Maittaire. Quoi qu'il en soit, il m'a été impossible de retrouver le texte de cet acte aux Archives générales de France.

(2) Les deux premiers, que M. Renouard avoue n'avoir pas vus, se trouvent à la Bibl. nat., *réserve*, in-8°, X, 58; le troisième se trouve partout.

(3) Voyez ce que je dis de ces livrets, dans ma *Notice sur les premières impressions grecques*.

(4) « Favore et auspiciis christianissimi Galliarum regis Francisci primi, qui in linguarum et studiosæ juventutis gratiam amplis stipendiis et professorum opera redimit, et labores compensat. »

De plus, je ferai remarquer que dans un édit très intéressant touchant les imprimeurs de France, daté du 31 août 1539, le roi rappelle déjà qu'il a « naguières créé et ordonné..... pour procurer copiosité de livres utiles et nécessaires (1)..... imprimeurs royaux en langues latine, grecque et hébraïque » (2). Le rang que François Ier donne ici à la langue latine semble bien indiquer qu'elle ne fut pas la dernière pourvue d'un imprimeur.

Si nous n'avons pas le titre de Robert Estienne, nous sommes plus heureux en ce qui concerne Néobar, car nous possédons encore les lettres patentes qui le créèrent imprimeur du roi pour le grec; elles sont datées du 17 janvier 1538 (1539 nouveau style). Nous ne pouvons mieux faire que de reproduire ici, d'après l'édition qu'en fit dans le temps même Néobar (3), ce document curieux, si honorable pour François Ier, et bien digne de faire oublier son malheureux édit de proscription contre l'imprimerie, rendu le 13 janvier 1535 (nouveau style), plusieurs fois déjà invoqué contre la mémoire de ce prince dans ces derniers temps (4), quoique n'ayant pas reçu d'exécution. Ce privilége peut nous donner une idée de celui qui fut accordé à Robert Estienne.

(1) M. Renouard (*Ann.*, 3e édit., p. 296) dit que ce fut pour récompenser Robert de ses impressions hébraïques que François Ier le nomma imprimeur royal pour l'hébreu; mais c'est une erreur, car Robert prend le titre d'imprimeur du roi sur ces livres mêmes, qui furent, non la cause, mais la conséquence de son titre, comme on le voit ici, et comme le prouve bien mieux encore la nomination de Néobar au titre d'imprimeur royal avant qu'il eût rien imprimé. La Caille (*Hist. de l'imp.*, p. 110) dit en effet que Néobar fut reçu *libraire juré* en 1538, « et que le recteur, en le recevant, le congratula en des termes très obligeants. »

(2) Crapelet, *Etudes pratiques*, etc., p. 48.

(3) Cette pièce, formant une feuille in-4° d'impression, fait partie d'un recueil relatif à l'imprimerie, conservé à la bibliothèque Mazarine sous le n° 16029 (anciennement 11865). C'est la neuvième pièce de ce recueil, qui en renferme treize; elle occupe les folios 230 à 233 (manuscrits). Le titre, qui se trouve sur un feuillet blanc au verso, porte les mots suivants : « FRANCISCUS DEI GRATIA FRANCORUM REX, GALLICAE REIPUBL. SALUTEM. » On a écrit au-dessous, à la plume : *De typographiâ græcâ Conr. Neobario à se commissâ.* Vient ensuite la marque de Néobar, un serpent tortillé autour d'un bâton en forme de *tau* grec majuscule, tenu par deux mains, à droite et à gauche. Au bas de la page on lit : PARISIIS, PER CONRADUM NEOBARIUM, REGIUM IN GRAECIS TYPOGRAPHUM, VIA AD D. HILARIUM, SUB D. V. MARIA (c'est-à-dire : à Paris, par Conrad Néobar, imprimeur du roi pour le grec, rue Saint-Hilaire, à l'enseigne de la divine Vierge Marie). L'exécution typographique de cette pièce est très soignée. On voit que l'imprimeur y a apporté des soins tout particuliers. Il est présumable qu'elle fut imprimée avec une sorte de luxe, pour être distribuée aux officiers de l'Université et aux amis de l'imprimeur, aussitôt qu'elle lui eut été octroyée. Nous en conservons fidèlement l'orthographe, sauf pour l'emploi de l'*u* et de l'*i* consonnes, que nous avons remplacés par le *v* et le *j*, suivant la méthode moderne, beaucoup plus claire que l'ancienne. Nous avons aussi, pour rendre la lecture plus facile, tracé des alinéas qui n'existent pas dans l'original.

(4) Voyez sur cette affaire Rœderer, *Louis XII et François Ier*, t. II, p. 181 et suiv. — Crapelet, *Etudes pratiques*, etc., p. 33 et suiv. — Renouard, *Annales des Est.*, 3e édit., p. 292 et suiv.

Lettres patentes de François Ier qui confèrent à Conrad Néobar le titre d'imprimeur du roi pour le grec.

Franciscus, Dei gratia rex Francorum, Gallicæ Reipublicæ (1) salutem.

Universis et singulis liquido constare volumus, nihil perinde nobis in votis esse, aut unquam fuisse, atque cum bonas literas præcipua quadam benevolentia complecti, tum juvenilibus studiis pro virili nostra recte consulere. Nam his probe constitutis, arbitramur non defuturos in regno nostro, qui et religionem syncere doceant, et leges in foro non tam privata libidine quam æquitate publica metiantur : ac denique in Reipub. gubernaculis ita versentur, ut et nobis sint ornamento, et communem salutem privato emolumento præferant.

Hæc enim omnia, rectis studiis prope solis accepta ferri debent. Quare postquam haud ita pridem salaria viris aliquot literatis benigne decrevimus, qui juventutem linguarum juxta ac rerum cognitione imbuant, moribusque probatis, quoad liceat, forment : unum etiam nunc superesse animadvertimus, ad rem literariam provehendam non minus necessarium quam publice docendi provinciam : nimirum ut quispiam deligeretur, qui nostris auspiciis atque hortatu græcam typographiam ex professo susciperet, ac in nostri regni juventutis usum græcos codices emendate excuderet.

Nam a viris literatis accepimus, ut e fontibus rivulos, ita e græcis scriptoribus artes, historiarum cognitionem, morum integritatem, recte vivendi præcepta, ac omnem prope humanitatem ad nos derivari. Porro id quoque didicimus, græcam typographiam tum vernacula, tum latina multo difficiliorem ; ac denique ejusmodi esse provinciam, quam nemo rite administret, nisi et græcanicæ linguæ gnarus, et cum primis vigilans, et facultatibus denique non vulgariter instructus ; ac neminem fere inter nostri regni typographos esse, qui hæc omnia præstare possit, dico græci sermonis cognitionem, sedulam diligentiam, et facultatum copiam : sed in his opes, in illis eruditionem, in aliis aliud desiderari ; nam qui literis pariter ac facultatibus instructi sunt, hos quidvis vitæ institutum persequi malle, quam rem typographicam, occupatissimam illam vivendi rationem suscipere.

Quapropter viris aliquot eruditis, quorum vel convictu, vel alioqui consuetudine familiariter utimur, id muneris demandavimus, ut nobis quempiam invenirent, cum rei typographicæ studiosum, tum eruditione pariter ac sedulitate comprobatum, qui nostra benignitate adjutus, græce excudendi provinciam obiret.

Nam hac quoque in parte vel duplici nomine studiis opem ferendam duximus : partim, ut quando a Deo optimo maximo regnum accepimus, opibus cæterisque rebus ad vitæ commoditatem necessariis abunde instructum, in constituendis studiis, fovendis viris literatis, ac omni denique humanitate complectenda, exteris nationibus nihil concedamus : partim vero, ut et studiosa juventus, ubi nostram erga se benevolentiam intellexerit, justumque eruditioni honorem a

(1) M. Crapelet, qui a donné une traduction de cette pièce, p. 89 de ses *Etudes pratiques*, etc., rend les mots *Gallicæ Reipublicæ* par la *république des lettres*. C'est une inadvertance inconcevable de la part de cet érudit. Ces mots désignent ici la nation française tout entière, comme on le voit dans le reste de l'acte, où le mot *respublica* reparaît plusieurs fois.

nobis haberi, alacriori animo discendis literis percipiendisque disciplinis invigilet : et viri boni, nostro provocati exemplo, juvenilibus studiis formandis constituendisque, magis sedulam impendant operam. Dispicientibus itaque nobis, cuinam ea provincia tuto posset demandari, commodum sese obtulit Conradus Neobarius. Nam cum is publicum aliquod munus ambiret, quo nostris auspiciis tum ad privatæ vitæ commoditatem, tum ad Reipub. emolumentum defungeretur, essetque a viris literatis nobisque familiaribus, eruditionis nomine ac industriæ commendatus, placuit nobis græcam typographiam illi committere, ut nostra fretus liberalitate, græcos codices, omnium artium fontes, in regno nostro emendate excudat.

Verum ne institutum hoc nostrum Reipublicæ tranquillitati officiat, vel privatim fraudi sit Neobario typographo nostro, certis id rationibus, quasi formulis quibusdam, terminandum duximus.

Primum itaque nolumus quicquam ex iis, quæ nondum typis mandata extant, prelo ab ipso mandari, nedum in lucem emitti, quod professorum, qui nostro stipendio conducti, in Parisina Academia juventutem docent, non prius subierit judicium : ita ut prophana, politiorum literarum professoribus; sacra, religionis interpretibus satisfecerint. Sic enim fiet, ut tum sacrosanctæ religionis synceritas, a superstitione et hærese ; et morum candor ac integritas a labe et vitiorum contagione vindicetur.

Secundo, in græcis, quæ ipse primus in lucem edet, singula exemplaria ex singulis editionibus primis in nostram bibliothecam inferet : ut, si qua calamitas publica literas inclementius afflixerit, hinc liceat posteritati librorum jacturam aliqua ex parte sarcire.

Postremo, librorum, quos typis mandabit, epigraphæ adscribet, se nobis esse a græcis excudendis, nostrisque auspiciis græcam typographiam ex professo suscepisse : ut non hoc modo sæculum, sed et posteritas intelligat, quo studio, quaque benevolentia simus rem literariam prosequuti, et ipsa nostro exemplo admonita, idem sibi quoque in constituendis promovendisque studiis faciendum putet.

Cæterum quia hæc provincia, si qua alia, utilitati publicæ cum primis inservit, integrasque hominis, qui eam sedulo administrare volet, operas sibi vendicat, adeo ut temporis nihil ab occupationibus supersit, quod iis studiis possit impendi, quibus ad honores, vel alioqui ad vitæ commoditatem devenitur; iccirco volumus Conradi Neobarii typographi nostri rationibus vitæque trifariam prospectum.

Primum itaque decernimus ei aureos, quos solares vulgo dicimus, centum in annuum salarium : ut et munus susceptum alacrius obeat, et hinc impensas aliquantum sublevet. Deinde volumus eum a vectigalibus esse immunem, cæterisque privilegiis, quibus nos atque majores nostri, clerum adeoque Parisinam Academiam donavimus, perfrui : ut librorum mercimonia commodius exerceat, cæteraque omnia facilius comparet, quæ ad rei typographicæ usum spectant. Postremo typographis pariter ac bibliopolis vetamus, in regno nostro vel imprimere, vel alibi impressos distrahere libros tum latinos tum græcos, in quinquennio, quos Conradus Neobarius primus typis mandaverit : in biennio, quos ad veterum exemplarium fidem vel sua industria, vel aliorum opera insigniter castigaverit.

Cui edicto si quis non parebit, is et fisco obnoxius erit, et nostro typographo, quas in iis libris excudendis fecerit impensas, plene refundet. Mandamus insuper urbis Parisinæ prætori aut vice prætori, cæterisque omnibus, qui vel in præsentia sunt, vel in posterum erunt nobis a Reipub. gubernaculis, quo et ipsi hunc nostrum typographum, concessis tum immunitatibus tum privilegiis legitime perfrui sinant, et alios, si qui illi vel injurias manus attulerint, vel alioqui abs re negocium exhibuerint, digno supplicio coërceant. Volumus enim ipsum perbelle munitum adversus tum improborum injurias, tum malevolorum invidias, ut tranquillo ocio suppetente, et vitæ securitate proposita, in susceptam provinciam alacriori animo incumbat.

Hæc ut posteritas rata habeat, chirographo nostro atque sigillo confirmanda duximus. Vale.

Luteciæ, decimo septimo januarii, anno salutis millesimo quingentesimo tricesimo octavo, regni nostri vicesimo quinto (1).

II.

Robert Estienne succède à Conrad Néobar dans l'office d'imprimeur du roi pour le grec; il est chargé de faire graver des caractères grecs aux dépens du roi.

Non content d'avoir nommé un imprimeur spécial pour le grec, le roi voulut encore avoir des caractères grecs particuliers; et il donna ordre d'en faire graver trois corps complets de la forme la plus gracieuse, empruntée aux plus beaux manuscrits qu'on pourrait trouver dans sa bibliothèque.

Tous ceux qui se sont occupés de ce sujet disent que ce fut Conrad Néobar qui fut chargé de cette mission. M. Crapelet (2) va même jusqu'à dire, après Maittaire, il est vrai, qu'un des caractères grecs du roi était gravé en 1540, et que Néobar s'en servit dans un petit volume qu'il imprima cette année, et dont voici le titre exact : *Aristotelis et Philonis de Mundo.* Tout cela est entièrement dénué de fondement. Le livre *De Mundo*, qui semble à lui seul avoir servi de base à cette fable, n'est pas du tout imprimé avec les caractères connus sous le nom de *types royaux* (3). C'est un petit in-8°

(1) Le même jour le roi accorda à Conrad Néobar des lettres de naturalisation qui se trouvent aux Archives générales de France (JJ. registre 253, pièce 60). Par ce document, on apprend que *Conrade Neobare* (sic), fils de Geoffroy, était natif du pays de Hempesvoost ou Chempisvoost ou Kempisvret (peut-être Heppendorf ?), diocèse de Cologne, qu'il était « homme d'estude, et faisant profession de bonnes lettres, » qu'il demeurait depuis longtemps à Paris, et qu'il avait un frère appelé Gilles, *cousturier*, résidant également dans cette ville.

(2) *Études pratiques*, etc., p. 108.

(3) Il suffisait de le regarder pour s'en convaincre. Malheureusement M. Crapelet a trop souvent cru pouvoir parler de choses qu'il n'avait pas vues, sur la foi d'autres personnes qui n'avaient ni son aptitude ni ses connaissances particulières.

divisé en deux parties (1). La première, qui renferme le grec, porte sur le titre, et au-dessous de la marque de Néobar, la souscription suivante : PARISIIS, PER CONRADUM NEOBAR. REGIUM TYPOGRAPHUM. M. D. LX. (2). Cette date, erronée par suite de la transposition de l'L (lisez M. D. XL.), se rectifie d'elle-même par la date de la seconde partie du volume, qui renferme la traduction latine (par Guill. Budé), et qui est datée de 1541 ; c'est-à-dire que ce livre, commencé par Néobar, a été achevé par sa veuve, Edem Tusan ou Toussaint, qui continua d'exercer l'imprimerie pendant un ou deux ans, puis céda son atelier à Jacques Bogard (3). C'est ce qui explique pourquoi la seconde partie ne porte rien autre à la souscription que PARISIIS. M. D. XLI. Mais la marque de Néobar, qui s'y trouve, indique suffisamment l'origine du livre.

Ainsi s'évanouissent, devant les faits positifs, les détails erronés donnés par M. Crapelet sur l'origine des grecs du roi, « commencés, suivant lui, par Néobar, assisté des conseils d'un professeur royal de grec, qui était sans doute Jacques Tusan ou Toussaint, son beau-père (4). »

Tout ce que l'on sait de Néobar, c'est qu'il mourut à la peine (5) dans les premiers mois de 1540, sa veuve ayant commencé à imprimer en son nom propre dès le mois d'avril (6).

Néobar mort, Robert Estienne hérita de son titre, c'est-à-dire que ce dernier réunit à la fois, en sa personne, les fonctions d'imprimeur pour le latin, le grec et l'hébreu. Quand eût lieu cette réunion de titres ? Nous ne sommes guère mieux renseignés à cet égard qu'au sujet de la première nomination de Robert Estienne au titre d'imprimeur royal ; car nous n'avons pas non plus l'acte qui lui conféra ses nouvelles attributions. Toutefois nous possédons quelques pièces qui peuvent en tenir lieu. Ces pièces semblent prouver qu'il était déjà, de fait, imprimeur royal pour le grec au mois d'oc-

(1) Il se trouve à la Bibl. nat., où je l'ai étudié avec soin (12. R. 1686).

(2) M. Renouard (*Annales des Est.*, 3e édit., p. 301) dit que ce livre est de 1540, « sans nom d'imprimeur ni souscription aucune, » ce qui fait voir qu'il ne l'a pas eu sous les yeux.

(3) Renouard, *Ann. des Est.*, 3e édit., p. 300 et suiv.

(4) Crapelet, *Etudes pratiques*, etc., p. 108.

(5) On voit par l'épitaphe poétique que lui a consacrée Henri (II) Estienne (Bibl. Mazarine, 16029, fol. 242), qu'il succomba à de violents maux de tête :

Conradi Neobarii epitaphium.

Doctrina paucis, nulli probitate secundus,
Conradus fato hic accelerante jacet.
Nanque typographicæ labor hunc, labor improbus artis
Incolumem Musis noluit esse diu :
Sed tandem, longo capitis comitante dolore,
Illum, Musarum spem pariterque rapit.

(6) Renouard, *Annal. des Est.*, 3e édit., p. 301.

tobre 1541 (1). Elles prouvent du moins positivement que c'est lui qui fut chargé par François Ier de faire graver ses caractères grecs (2). Nous ne pouvons mieux faire que de publier ici ces pièces, bien dignes de figurer à côté des lettres patentes données par ce même prince en faveur de Néobar.

Mandement de François Ier pour faire payer, par les mains de Robert Estienne, imprimeur du roi, à Claude Garamond, fondeur, la somme de 225 livres tournois, à compte sur le prix des poinçons des grecs du roi. (Original en parchemin. Bibl. du Louvre, manuscrit F. 145, fol. 136.)

[1er octobre 1541.]

FRANÇOYS, par la grace de Dieu roy de France, à nostre amé et feal conseiller et tresorier de nostre espargne, maistre Jehan Duval, salut et dilection. Nous voulons et vous mandons que des deniers de nostre dite espargne, vous paiez, baillez et delivrez comptant à nostre cher et bien amé Robert Estienne, nostre imprimeur, demourant à Paris, la somme de deux cens vingt-cinq livres tournois, que nous luy avons ordonnée et ordonnons par ces presentes, et voulons estre par vous mise en ses mains, pour icelle delivrer à Claude Garamon, tailleur et fondeur de lettres, aussi demourant au dit Paris, sur et en deduction du paiement des poincons de lettres grecques qu'il a entreprins et promis tailler et mettre es mains dudict Estienne, à mesure qu'il les fera, pour servir à imprimer livres en grec pour mectre en noz librairyes; et, par rapportant ces dictes presentes, signées de nostre main, avec quictance sur ce suffisante du dit Robert Estienne seulement, nous voulons la dicte somme de IIcXXV livres estre passée et allouée en la despence de voz comptes, et rabatue de vostre recepte de nostre dicte espargne par noz amez et feaulx les gens de noz comptes, ausquels nous mandons ainsi le faire sans aucune difficulté et sans ce que de la delivrance que le dict Estienne aura faicte d'icelle somme au dict tailleur, ne de la taille, fourniture et valleur desdits poincons, vous soiez tenu faire autrement aparoir, ne en rapporter autre certification, ne enseignement, dont nous vous avons relevé et relevons de grace especial par ces dictes presentes; car tel est nostre

(1) Je dis *de fait*, car il ne paraît pas qu'il en ait eu le titre avant 1542, puisque dans cette année encore il se qualifie seulement imprimeur du roi pour le latin et l'hébreu sur une édition de Fabius Quintilianus, publiée par lui le IIII des nones (c'est-à-dire le 4 du mois) de mars. Il est regrettable que M. Renouard n'ait pas cru devoir joindre aux noms des Estienne les titres exacts qu'ils prenaient dans chaque souscription. Ce renseignement aurait été très utile pour l'histoire de ces illustres typographes, et aurait pu servir même quelquefois à rétablir la date véritable de certains livres qui en portent une erronée. Cette indication aurait eu surtout un grand intérêt pour les livres imprimés par Robert de 1538 à 1544, époque durant laquelle il prend tantôt le titre absolu d'*imprimeur royal*, tantôt celui d'*imprimeur royal pour le latin et l'hébreu*.

(2) Robert Estienne avait certes autant de droit à cet honneur que Néobar lui-même. Dès 1538, il avait publié un *alphabet* grec; mais avant lui son père, Henri Ier, avait employé du grec dans son *Psalterium quintuplex* de 1509. Ce caractère, à la vérité, sans accents et sans majuscules, jurait par son imperfection avec l'exécution du livre; mais enfin c'est un des premiers grecs qui aient existé à Paris. Henri Estienne se servit d'un grec moins imparfait dans son *Theocritus* de 1519; mais je crois que c'est celui de Gourmont. Il est à peine nécessaire de dire que les Estienne ne se servirent plus d'aucun de ces caractères grossiers après la gravure des types du roi.

plaisir; non obstant quelzconques ordonnances, restrinctions, mandemens ou deffences à ce contraires. — Donné à Bourg en Bresse, le premier jour d'octobre l'an de grace mil cinq cens quarante et ung, et de nostre regne le vingt-septiesme.

FRANÇOYS. Par le Roy, BAYARD.

M. Leroux de Lincy, dans un travail qu'il a publié sur les imprimeurs royaux (*Journal de l'Amateur de livres*, année 1839), invoque cette pièce à l'appui de l'opinion émise par M. Renouard (*Annales des Est.*, 3e édition, p. 330 et suiv.), qui prétend que Robert Estienne, n'ayant jamais été payé des avances faites par lui pour la gravure des *grecs du roi*, avait eu le droit de les emporter à Genève. Selon M. Leroux de Lincy, cette pièce prouve que ces caractères furent donnés en propriété à Robert Estienne. Non-seulement le texte que nous venons de publier, d'après l'original, ne dit rien de semblable; mais cette assertion est contredite par la pièce suivante, qui prouve que Robert Estienne fut remboursé de ses avances, et par les faits eux-mêmes, car il est certain que jamais les poinçons des grecs du roi ne sont sortis de France. Toutes ces assertions contradictoires me semblent provenir d'une confusion qu'ont faite les personnes qui se sont occupées de ces choses sans avoir les connaissances techniques nécessaires. Avant d'aller plus loin, il convient de bien s'entendre sur les mots. Pour pouvoir imprimer un livre, il faut *graver des poinçons*, avec lesquels on *frappe des matrices*, dans lesquelles *on fond les caractères*, qui seuls, en définitive, servent à *composer* le livre. Cela fait trois choses bien distinctes. Le *poinçon* est un petit bloc en acier, sur lequel est gravé en relief et à rebours l'*œil* de la lettre. Avec ce poinçon, qui est unique pour chaque lettre ou signe, on frappe une ou plusieurs *matrices*. Ces dernières, sur lesquelles l'œil de la lettre est imprimé en creux, dans le sens droit, sont ordinairement en cuivre; adaptées à un moule, elles servent à fondre les *caractères*, qui sont d'un métal plus fusible encore. Ainsi, je le répète, voilà trois choses bien distinctes : le *poinçon*, la *matrice*, le *caractère*. Cela dit, poursuivons.

Quittance de Robert Estienne. (Original en parchemin, en la possession de M. Eugène Dauriac, employé à la Bibliothèque nationale.)

[1er mai 1542.]

En la presence de moy . . . . . (1), notaire et secretaire du Roy nostre sire, Robert Estienne, imprimeur demourant à Paris, a confessé avoir receu comptant de Me Jehan Duval, conseiller dudit seigneur et tresorier de son espargne, la somme de deux cens vingt-cinq livres tournois en .c. escuz d'or soleil, du poix de .II. deniers .XVI. grains trebuschans à .XLV. sols tournois piece, à luy ordonnée par le dit seigneur, et qu'il a voulu estre mise en ses mains pour icelle delivrer à Claude Garamon, tailleur et fondeur de lettres, demourant aussi au dit Paris,

(1) Comme cela se rencontre fort souvent dans les formules de ce genre, qui étaient écrites à l'avance, le notaire Macault, soussigné, a omis d'inscrire son nom dans le blanc.

sur et en deduction du paiement des poinsons de lettres grecques qu'il a entreprins et promis tailler et mectre es mains du dit Estienne à mesure qu'il les fera, pour servir à imprimer livres en grec, pour mectre es librairies du dit seigneur. De laquelle comme de ijcxxv livres le dit Estienne s'est tenu content et bien paié, et en quicte le dit Duval, tresorier susdit, et tous autres. Tesmoing mon seing manuel cy mis le premier jour de may, l'an M. Vc quarante et deux.

(Signé) MACAULT (avec paraphe) (1).

Le premier ouvrage imprimé avec les types grecs de Garamond fut une édition de l'*Histoire ecclésiastique* d'Eusèbe, achevée le 31 juin 1544 (2), et à la suite de laquelle Robert Estienne a placé un *monitum* où il énumère les efforts de François Ier pour le progrès des sciences et des lettres.

Ce livre, comme tous ceux qui furent publiés alors avec ces types grecs par les imprimeurs royaux, porte pour marque typographique sur le titre un thyrse entouré de rameaux d'olivier (3) et d'un serpent (4),

et pour devise, ces mots grecs imités d'Homère (5) :

Βασιλεῖ τ' ἀγαθῷ κρατερῷ τ' αἰχμητῇ.

Regi bono fortique bellatori.

(1) Il s'agit ici d'Antoine Macault, lecteur et valet de chambre de François Ier, traducteur de Diodore de Sicile. (Voyez ma *Notice sur Geofroy Tory.*)

(2) M. Greswell, *A view of the early Parisian greek press*, t. I, p. 236, mentionne un *alphabet* grec de 1543 ; mais il est le seul qui parle de ce livret, et il n'indique pas où il l'a vu. Suivant lui, c'est un in-8° de 60 feuillets. « After some remarcks on the nature, divisions and mutations of the Greek letters, exhibits a very copious table of the *litterarum nexus et compendiosa scribendi ratio*, adopted to the newly prepared *characteres regii*. Subjoined to the whole we find certain Prayers, the Creed, and the Decalogue, *græce*, and lastely *numerus græcorum.* »

(3) Cette circonstance semble prouver que Robert Estienne fut l'inventeur de la marque en question. On sait, en effet, que sa marque particulière était un olivier. Voyez sur le titre de ce travail.

(4) Je dois la communication de ce cliché et de celui qui figure sur la page de titre à l'obligeance de M. Silvestre, éditeur des *Marques typographiques*.

(5) *Iliade*, III, 179.

On lit au bas : « Lutetiæ Parisiorum, ex officina Roberti Stephani, typographi regii, *regis typis.* » Cette mention des *types royaux* figure également sur tous les livres imprimés avec les mêmes caractères vers cette époque.

On a remarqué qu'à partir de l'impression de l'Eusèbe Robert ne prend plus que le titre absolu d'*imprimeur du roi*, sans spécification de *lettres hébraïques ou latines*, qu'il avait quelquefois mentionnées jusque-là.

L'Eusèbe est imprimé avec le caractère de moyenne grosseur, autrement dit *gros-romain*, qui fut le premier achevé.

Deux ans après, Robert Estienne publia le Nouveau Testament in-16, avec le petit caractère, autrement dit *cicéro*. Cet ouvrage fut réimprimé en 1549 (1) dans le même format (2).

Enfin, en 1550, le même imprimeur publiait, avec le gros caractère, autrement dit *gros-parangon*, un Nouveau Testament in-folio.

A partir de ce moment, la typographie grecque du roi fut complète. Elle fut mise libéralement à la disposition de l'imprimerie française, c'est-à-dire qu'il fut loisible à tout imprimeur français de s'en servir, à la seule condition de rappeler sur le titre du livre qu'il était exécuté avec les types royaux (*typis regiis*). Le but désiré n'eût pas été atteint si ces caractères fussent restés en la possession d'un imprimeur unique. Le seul avantage réservé à l'imprimeur royal était dans les appointements à lui attribués pour la garde de ces caractères, ou plutôt des matrices de ces caractères; car les poinçons furent immédiatement déposés à la chambre des comptes, où ils furent malheureusement perdus de vue, mais où on les retrouva au XVIIe siècle.

Quant aux *matrices royales*, dont on a jusqu'ici ignoré l'existence (3),

(1) Le 4 des ides d'octobre. Quelques mois avant (aux ides de mars), Benoît Prevost (Prevotius) avait imprimé pour la veuve d'Arnould Birkman un Nouveau Testament grec aussi in-16, que M. Renouard (*Annales des Est.*, 3e édit., p. 73) croit exécuté avec une fonte des mêmes caractères. Les deux éditions ont en effet beaucoup de ressemblance; toutefois, je ferai remarquer que le livre de Prevost ne peut avoir été imprimé avec les types royaux, car rien ne le rappelle, et ce n'est pas à ce moment-là qu'on se serait dispensé d'insérer les mots *typis regiis* sur un livre imprimé avec ces caractères. Au lieu du thyrse, nous ne trouvons ici que la marque de Prevost, une palme et une épée passées en sautoir, avec un livre ouvert brochant sur le tout, et au-dessus une étoile. Il y a bien aussi une devise grecque, mais elle diffère essentiellement de celle des ouvrages des imprimeurs royaux. Sa traduction latine, inscrite au-dessous, est : *Imperium mortis et vitæ*, faisant allusion sans doute à l'épée et au livre.

(2) Je possède un exemplaire de ce livre dans lequel on a gratté le nom de Robert Estienne, tant sur le titre qu'en tête de la préface. Cette mutilation se retrouve fréquemment sur les livres du même imprimeur antérieurs à sa retraite à Genève. Elle rappelle l'opération qu'on a fait subir jadis à certaines inscriptions romaines qui portaient le nom d'empereurs proscrits ou vaincus.

(3) M. Crapelet (*Etudes prat.*, p. 111) et M. Renouard (*Annales des Est.*, 3e éd., p. 335) l'avaient pressentie, mais n'avaient pu en fournir aucune preuve.

mais dont j'ai enfin retrouvé la trace, elles étaient mises à la disposition des imprimeurs qui désiraient faire une impression grecque, ou du moins il leur en était délivré facilement une fonte, à la charge d'en payer les frais, et de rappeler sur le titre du livre l'origine royale de ces caractères.

Suivant M. Renouard (1), les grecs du roi furent gravés sous la direction de Robert Estienne. Quelques-uns des plus petits furent, dit-on, dessinés par Henri, son fils, alors à peine âgé de quinze ans ; les autres par le fameux calligraphe crétois Ange Vergèce, dont Henri reçut des leçons, et dont la Bibliothèque nationale conserve encore de si beaux manuscrits grecs. L'artiste chargé de la gravure de ces caractères fut Claude Garamond, qui s'était déjà signalé par la gravure et la fonte de beaux caractères romains, qui portent encore son nom (2). Cet artiste avait eu pour maître le graveur Geofroy Tory, auteur du *Champ Fleury*. Garamond fut reçu libraire vers 1545 (3), et mourut en décembre 1561. Il avait épousé Guillemette Gaultier, sans doute fille de Pierre Gaultier, imprimeur, chez lequel il fit exécuter, en 1545, l'*Histoire des successeurs d'Alexandre le Grand*, par Claude de Seyssel (4). Ce Pierre était probablement parent de Léonard Gaultier, à qui on attribue les portraits de Garamond et de Robert Estienne (5), reproduits par M. Renouard, pages 24 et 114 de sa troisième édition des *Annales des Estienne*.

Voici ce qu'on lit au sujet de la gravure des caractères grecs du roi dans un curieux Mémoire publié par Antoine Vitré (6), vers l'année 1655 :

« Le roy François Ier..... ayant appris qu'il y avoit à Paris un excellent graveur de caractères d'imprimerie appelé Garamont, qui avoit fait les poinçons et les matrices de ces belles lettres romaines dont on imprime à présent, au lieu des lettres gothiques dont on se servoit auparavant luy, désira

(1) *Annales des Est.*, 3e édit., p. 306.

(2) Les premiers caractères romains de l'imprimerie du Louvre, dont on conserve encore aujourd'hui les poinçons à l'imprimerie impériale, portent son nom. Lottin, *Catalogue chronologique*, etc., t. II, p. 68, le fait commencer à graver en 1510, ce qui paraît tout à fait improbable.

(3) Comme le prouve le livre dont nous parlons à la note suivante.

(4) C'est un in-16 fort gracieux, sur le titre duquel on lit : « Imprimé à Paris, par Pierre Gaultier, pour Jehan Barbé et Claude Garamont. 1545. » (Ce livre est à la Bibl. de l'Arsenal.)

(5) Il est bon de noter toutefois que ce n'est que par induction qu'on attribue à Léonard Gaultier la grande série chronologique de portraits où figurent Garamond et Robert Estienne. La planche ne porte aucun nom d'artiste.

(6) Mémoire qu'Antoine Vitré a donné à Messeigneurs les commissaires nommés par l'assemblée générale [du clergé] pour avoir soin des impressions des Pères grecs qui doivent être imprimés par l'ordre du clergé. » In-4°, sans lieu ni date; mais imprimé chez Antoine Vitré, entre les années 1654 et 1656. Je dois la connaissance de ce mémoire à M. Barbier, administrateur de la Bibliothèque du Louvre.

de voir cet excellent ouvrier. Ce grand prince ayant luy-mesme veu l'admirable travail de Garamont, il luy commanda..... de graver les caractères de la langue grecque, dont nous n'avions point encore en France (1). Garamont exécuta ce commandement avec..... succez. » — Antoine Vitré ajoute en marge : « Garamont a fini dans la dernière misère ; mais il est vrai qu'il a esté mis au rang des hommes illustres, et qu'il a esté récompensé de quantité de beaux éloges après sa mort ! »

III.

Robert Estienne, forcé de quitter la France, emporte avec lui à Genève une série de matrices des grecs du roi ; mais il en laisse à Paris une série plus complète, connue sous le nom de *matrices royales*. — Disparition de ces dernières à la fin du XVIe siècle.

Quoi qu'il en soit des traditions relatives au dessin des caractères grecs royaux, il est certain que ces types furent dès lors considérés comme les plus beaux qu'on connût. Robert Estienne en eut la garde tant qu'il resta en France, ce qui ne se prolongea guère après la publication de son Nouveau Testament in-folio de 1550.

Déjà vers l'année 1548, poussé à bout par les tracasseries que la Sorbonne lui suscitait pour ses Bibles latines et grecques, il avait fait un voyage d'exploration à Genève, où il s'était mis en relation avec les savants les plus distingués. Enfin, en 1550, il alla s'établir dans cette ville, où il avait monté un établissement, sans détriment de celui de Paris, qui continua pendant quelque temps à fonctionner en son nom, puis au nom de son frère Charles. Celui-ci, pour sauver, s'il était possible, la fortune de ses neveux, n'hésita pas à abandonner la profession de médecin, qu'il avait exercée jusque-là, et à embrasser celle d'imprimeur, avec l'aide de Robert II, second fils de Robert Ier. Il se fit même nommer imprimeur ordinaire du roi. On espérait par là sauver les apparences ; mais le fisc ne se laissa pas endormir. En vertu des lois de proscription rendues contre les protestants émigrés, le procureur général du parlement fit saisir les biens de Robert Ier, c'est-à-dire son imprimerie et surtout sa librairie, qui était alors sans titulaire (2). Charles s'opposa vivement à cette saisie comme tuteur des enfants de son frère, et eut le bonheur de la faire revoquer aussitôt par un acte royal. Toutefois, comme la retraite de Robert Ier avait jeté quelque défaveur sur la

(1) On peut voir par mon Mémoire sur les premières impressions grecques imprimé à l'Appendice que Vitré se trompe.

(2) Renouard, *Annales des Est.*, 3e édit., p. 95, col. 1, n° 6.

famille des Estienne, le roi Henri II, au lieu de transporter à Charles le titre d'imprimeur royal pour le grec, que ne pouvait conserver son frère, établi à Genève, le donna à un savant, Adrien Turnèbe, étranger à la typographie, comme Conrad Neobar, nommé par François Ier.

Cela n'empêcha pas Charles Estienne de continuer à imprimer avec les types royaux (1), car, indépendamment des fontes qu'il en possédait, il pouvait facilement s'en procurer d'autres à l'aide des matrices royales qu'il avait trouvées dans l'imprimerie de son frère, et dont il resta détenteur jusqu'au 22 septembre 1555, jour où, suivant Vitré, il les remit à Adrien Turnèbe (2).

Dès l'année 1552, celui-ci publia avec les types royaux plusieurs ouvrages sur lesquels il prend le titre d'imprimeur royal : *Philonis Judæi opera* (1er septembre); *Apollinarii interpretatio psalmorum* (octobre); *Æschyli tragœdiæ; Plutarchus de primo frigido*; *Theophrastus de Igne*, etc. Mais, comme il n'était pas typographe, il s'adjoignit le célèbre imprimeur Guillaume Morel, avec lequel il resta associé près de quatre ans. Turnèbe publiait le grec, Morel le latin; quelquefois pourtant les rôles étaient intervertis, et Guillaume Morel publiait le grec avec ses propres types. Bientôt après cependant il se servit des types royaux, comme on le voit par une édition des *Apophthegmes* des sept sages de la Grèce, imprimée par lui en 1554, etc.

Turnèbe, ayant été nommé professeur de philosophie grecque et latine en 1555, abandonna tout à fait l'imprimerie, et fit nommer imprimeur royal à sa place son associé Guillaume Morel, auquel il remit également les matrices grecques du roi. Le dernier ouvrage qu'ils publièrent ensemble est *Aristotelis de Moribus*, *libri X*, in-fol. « Adrianus Turnebus excudebat, et cum græcis latina cunjungebat Guil. Morelius, M. D. LV. Cal. Mart. (1er mars). »

A partir de ce moment, Guillaume Morel imprima seul; mais il ne resta pas longtemps l'unique imprimeur royal pour le grec. Michel de Vascosan reçut également ce titre le 2 mars 1560 (1561 nouveau style), et Robert Estienne II, vers le même temps, c'est-à-dire lors de la retraite forcée (3) de

(1) En 1554, Henri (II) Estienne publia à Paris son célèbre *Anacréon* in-4°, où on voit paraître à la fois les trois grecs du roi. Ce livre est une énigme pour les bibliographes, qui ne peuvent dire chez qui il a été imprimé, car alors Henri Estienne ne pouvait avoir d'établissement typographique à Paris. Tout me porte à croire, avec M. Renouard, que ce livre fut exécuté chez Charles Estienne, oncle de l'éditeur, le seul Estienne qui eût certainement alors un établissement typographique à Paris.

(2) Mémoire sur les types grecs, déjà cité. Vitré dit positivement que Charles Estienne remit ce jour-là toutes les fontes et matrices à Adrien Turnèbe. Il a peut-être voulu nommer Guillaume Morel?

(3) Voyez Renouard, *Ann. des Est.*, 3e édit., p. 361.

son oncle Charles, dont le titre lui fut transférée avec plus d'étendue (1). Néanmoins Morel resta seul détenteur des matrices royales, comme on l'apprend d'une lettre de Turnèbe (2), écrite au chancelier de l'Hospital aussitôt après la mort de cet illustre typographe, arrivée le 13 février (aux ides) 1564, et que nous croyons devoir reproduire ici.

Lettre d'Adrien Turnèbe au chancelier de l'Hospital, pour lui recommander la famille de Guillaume Morel. (Copie à la Bibl. nat. Collect. Dupuy, t. XVI, *Epist. clar. vir.*, n° 8.)

Adr. Turnebus Mich. Hospitali cancellario Galliæ S. P. D.

Obsecro, vir amplissime, ut ignoscas mihi, si literis intempestivis tua tempora interpellare ausus sim. Jus et fas cogit me, ut apud te potius solitudini et inopiæ patrociner, quam tacendo desim. Guillelmus Morelius magno literarum incommodo idib. Februariis obiit, magnumque sui desiderium bonis omnibus et acerbum mœrorem amicis reliquit. Is quandiu vixit, in iis edendis elaboravit libris, qui rem magis publicam juvarent, quam privatam augerent. Uxori et liberis nihil nummorum reliquit, æris vero alieni multum. Demosthenem ingenti ærumnosoque labore, plurimis excussis bibliothecis, collatisque exemplaribus inchoavit, longeque jam progressus erat. Nunc tuam istam non tantum nostræ Galliæ, verum etiam orbi terrarum notam, imploramus fidem et equitatem, ne præclara opera, ereptis viduæ mulieri matricibus regiis, irrita et inchoata jacere sinas : quod illi non majore damno quam doctis omnibus esset futurum. Hic etiam vere commemorare possum, literas regias ætate detritas et fugientes ejus sumtibus fusas atque renovatas esse. Est iniquum ex demortui et viduæ incommodis homines alios sua comparare commoda conari. Non enim dubito, quin jam ad vos multi advolarint petitores : sed qui ambitione nescio qua capti tituli regiæ typographiæ, malint etiam atque etiam ipsas literas, quam operosas habere, ut regii typographi dicantur, qui quidem eis non magis uti possent quam gladio pueri. Quam ob rem a te peto ut viduam tua justitia ab omni injuria tuearis, alios petitores negligas. Equidem me petitorem libenter ferrem : et si per te hæc nunc fero et profiteor, ut viduæ potius et pupillis consulatur, quam subsidia vitæ per alienos homines eis eripiantur : sed, ut exorsus eram dicere, obsecro te iterum, vir amplissime, ut ignoscas mihi, si amicitia mortui impulsus, dum ejus uxori et liberis consultum cupio, tuæ amplitudinis non satis rationem habuisse videar, qui te his de rebus interpellare ausus sim. Vale. Lutetiæ Parisiorum, XIIII kal. Martias (3).

(1) Des lettres patentes du 8 octobre 1561, destinées à assurer spécialement à Robert Estienne le privilége de l'impression des édits et ordonnances durant trois mois, nous apprennent que le roi l'avait nommé précédemment son imprimeur « en langues hebrée, chaldée, grecque, latine et françoise. » (Archives générales, Y 11, fol. 244-46.)

(2) Je dois la connaissance de cette pièce à M. Baudement (de la Bibliothèque nationale), qui prépare un travail sur Turnèbe.

(3) Cette lettre ne porte pas de date d'année; mais comme elle dut être écrite aussitôt après la mort de Morel, qui y est fixée au 13 février (1564), nous pensons pouvoir la dater du 16 février (XIIII kal. Mart.) même année. Elle serait forcément de 1565, s'il était vrai, comme le dit Maittaire (*Histor. typogr. paris.*, p. 42), que Morel ne soit mort que le 19 février (XI kal. Mart.). En tout cas, elle ne

On peut voir par ce document que c'était le chancelier de l'Hospital qui avait la haute garde des *matrices royales*, puisque Turnèbe prie ce magistrat de les laisser à la veuve de Guillaume Morel, pour qu'elle pût achever

peut être que de l'une ou l'autre année, car Turnèbe mourut lui-même le 19 mai (XIIII kal. Quintil.) 1565.

Nous croyons devoir donner ici la traduction de cette pièce, si importante dans la question :

« Adrien Turnèbe donne le salut perpétuel à Michel de l'Hospital, chancelier de France.

« Pardonnez-moi, je vous prie, très puissant magistrat, si je prends la liberté de vous distraire de vos graves occupations en vous adressant cette lettre. La justice et la nécessité exigent que je me fasse auprès de vous le patron de malheureux tombés dans l'abandon et l'indigence; je croirais faillir à mon devoir en me taisant. Guillaume Morel est mort, au grand détriment des lettres, le 13 de février, laissant tous les honnêtes gens dans le regret de sa perte, et ses amis dans un cuisant chagrin. Tant qu'il vécut, il ne cessa de travailler à éditer de ces livres qui profitent plus à la chose publique qu'ils n'accroissent une fortune privée. Il n'a rien laissé à sa femme et à ses enfants, si ce n'est beaucoup de dettes. Il avait, au prix d'un travail immense et fort pénible, commencé un Démosthène, et avait à cet effet fouillé un grand nombre de bibliothèques, dont il avait collationné les exemplaires; ce travail était déjà fort avancé. Aujourd'hui nous implorons votre justice et votre équité, connues du monde entier comme de la France, afin que vous ne permettiez pas que les *matrices royales* soient retirées à sa veuve, et que par là d'excellents travaux restent inachevés et inutiles, ce qui serait pour elle un dommage non moins grand que pour tous les savants. Ici je puis rappeler encore que les caractères royaux, ou perdus ou usés, ont été refondus et renouvelés à ses frais. Il est inique que des gens essayent de tirer avantage de ce qui ferait préjudice au défunt et à sa veuve. Car je ne doute pas que plus d'un solliciteur ne se soit adressé à vous; mais ces gens-là, séduits par je ne sais quelle ambition de se parer du titre de typographie royale, aimeraient infiniment mieux avoir en main les caractères mêmes que le travail que leur possession impose; leur seul désir est d'être appelés typographes royaux, car ils ne sauraient pas plus faire usage de ces caractères que les enfants d'une épée. C'est pourquoi je m'adresse à vous, afin que votre justice protége la veuve de tout dommage, et écarte tous autres postulants. Certes, je me porterais volontiers moi-même comme candidat, si je ne m'étais proposé cette mission, d'obtenir de vous qu'il soit pourvu aux intérêts d'une veuve et d'orphelins, plutôt que de travailler à ce que leurs moyens d'existence leur soient ravis par des étrangers. Or je finis comme j'ai commencé, très puissant magistrat, en vous priant de nouveau de m'excuser, si, poussé par l'amitié qui me liait au défunt, je n'ai pas eu, dans mon désir d'être utile à sa veuve et à ses enfants, une suffisante conscience de votre grandeur, en me permettant de vous entretenir de ces choses. Portez-vous bien. A Paris, le 16 février (1564?). »

Non content de cette lettre particulière, Turnèbe dit à peu près la même chose dans une épître au roi Charles IX, publiée en tête d'une édition des œuvres de S. Cyprien, à laquelle Morel avait consacré beaucoup de soin, mais qui ne parut qu'après sa mort, in-folio, en 1564 : « Jam feliciter Dionysium (Areopagitum) ejusque interpretem et paraphrasten ediderat (Gulielmus Morelius); Cyrilli catecheses ad umbilicum perduxerat; Cyprianum, multis undique conquisitis et corrogatis exemplaribus, libris etiam auctum, prope absolverat, cum repente horum auctorum editioni immortuus, familiam ære alieno coopertam, uxorem orbam, liberos inopes reliquit. Is nunc pro sua familia Cyprianum ad te, rex christianissime, allegat, quem in tuo nomine apparere voluit, per eumque te supplex rogat et obsecrat, suorum ut liberorum solitudinis et inopiæ misereatis; aliquidque elargiaris ad æs alienum, non nequitia sed studio de republica bene merendi contractum, luendum atque dissolvendum. Erant ei annua a patre tuo, augustissimo rege Errico, constituta, sed hisce proximis annis communium temporum iniquitas et angustiæ ærarii non permiserunt ut illa liberalitate frueretur. »

les ouvrages commencés par lui, et particulièrement sa grande édition de Démosthène, in-folio (1), qui, par suite des troubles dont la France était pleine alors, ne put être achevée qu'en 1570. Ce fut Jean Bienné, devenu l'époux de la veuve de Morel, qui acheva le livre, commencé par celui-ci en 1558, et qui fut, par conséquent, douze ans sous presse. Lorsque Guillaume mourut, l'ouvrage n'en était encore qu'au discours de l'ambassade, c'est-à-dire à la moitié du volume environ. La révision du reste fut confiée à Jean Lambin, dont le travail est beaucoup moins estimé que celui de son devancier.

La veuve de Morel publia plusieurs autres ouvrages où paraissent les types royaux. Je citerai particulièrement *Orationes Æschinis et Demosthenis*, etc., in-4°, 1565, avec dédicace au chancelier de l'Hospital, sans doute en reconnaissance de ce que ce magistrat avait fait droit à la requête de Turnèbe.

Comme on vient de le voir, la veuve de Morel épousa Jean Bienné, qui imprima en son nom dès 1566, avec les types de ce dernier; il se servit même quelquefois de la marque des imprimeurs royaux pour le grec, quoiqu'il ne paraisse pas avoir eu ce titre. L'atelier de G. Morel passa ensuite à son gendre, Estienne Prevosteau, mari de Jeanne Morel, qui fut plus tard aussi imprimeur du roi pour le grec.

Quant aux matrices royales, la garde en fut confiée à Robert II Estienne : « Son père, Robert Estienne Ier, dit La Caille, le déshérita par son testament, pour ne l'avoir pas suivy à Genève; mais il fut récompensé de la perte de cette succession par la garde et direction qu'on luy donna des caractères et poinçons (2) du roy, et par la commission qu'il eut du roy Charles IX d'aller en Italie et autres lieux pour chercher des manuscrits et livres rares, comme il paroît par une lettre patente de ce prince, en date du 5e juin 1569, portant sauvegarde pour toute la famille de ce Robert Estienne pendant sa commission (3). »

Robert II étant mort en 1570, son titre d'imprimeur royal pour le grec fut transporté le 4 mars 1571 à Fédéric Morel, gendre de Vascosan, qui l'était aussi. Ils le portaient tous deux en 1572, comme on le voit sur le privilége de la traduction des Œuvres morales et mêlées de Plutarque, par Amyot, publiée

(1) C'est un gros volume in-folio de 800 pages, qui est partout, excepté à la Bibliothèque nationale. Après la préface, on trouve, au verso du 3e feuillet, une lettre de Lambin au lecteur, où sont expliquées les vicissitudes de ce livre. Le retard apporté dans sa publication est attribué aux guerres civiles.

(2) La Caille confond ici les poinçons avec les matrices. Nous avons vu que les poinçons étaient conservés à la chambre des comptes.

(3) La Caille, *Hist. de l'impr.*, p. 145. Je n'ai pu retrouver cette pièce, et je m'étonne que M. Renouard n'ait pas relevé un fait aussi intéressant dans sa notice sur Robert II.

en 1575 (1). Au reste, ce titre n'engageait plus à rien depuis qu'il y avait plusieurs titulaires à la fois. En effet, d'un côté, les imprimeurs royaux n'imprimaient pas toujours avec les types royaux; de l'autre, au contraire, de simples imprimeurs se servaient des types royaux sans l'indiquer sur le titre de leurs livres. Le thyrse, qui servait autrefois de marque typographique aux impressions royales, était presque abandonné. Nous voyons même les caractères royaux employés par des imprimeurs étrangers; témoin une édition de Denys d'Halicarnasse et une autre des petits auteurs grecs de l'histoire romaine, publiées, la première en 1586, la seconde en 1590, à Francfort-sur-le-Main, par les héritiers d'André Wechel, fils de Chrétien Wechel, qui avait été obligé, comme Robert Estienne, de fuir Paris pour cause de religion.

C'est sans doute à cette circonstance qu'il faut attribuer la perte des matrices royales, qui, au milieu des troubles de cette époque, ont disparu sans qu'on sache ce qu'elles sont devenues. Elles tombèrent probablement, après la mort de Robert II Estienne, entre les mains de quelque héritier ignorant, qui les aura laissé détruire sans en connaître la valeur (2).

Toutefois, il convient de faire remarquer que les caractères grecs du roi ne manquèrent pas à Paris, jusqu'à l'époque où on recouvra les matrices de Genève, dont nous parlerons bientôt. Il en faut conclure, ou que les matrices royales continuèrent longtemps encore à fonctionner, ou qu'elles

(1) Un vol. in-fol. Ce livre est à la Bibliothèque nationale (fol. J. 81). Voici un extrait du privilége, qui se trouve à la fin du volume :

« CHARLES, par la grace de Dieu roy de France..... Nos chers et bien amez Michel de Vascosan, et Federic Morel son gendre, libraires et imprimeurs en l'Université de Paris, nous ont fait dire..... que, par nos lettres patentes du second jour de mars 1560..... nous aurions fait élection de la personne dudit Vascosan, et iceluy retenu pour nostre imprimeur, luy donnant privilége général, privativement à tous autres, de imprimer tous et chacun livres grecs, latins ou françois et autrement... et que..... un libraire estranger..... à Anvers, se seroit ingéré d'imprimer le livre des Vies de Plutarque..... traduit de grec en françois par..... Jacques Amyot..... Nous, par autres nos lettres patentes du 12 de novembre 1563, aurions ordonné deffenses estre faites..... à tous libraires, imprimeurs et autres, de vendre lesdits livres de Plutarque..... s'ils ne sont imprimez par ledit Vascosan. Et le 4 mars 1571, nous, ayant esgard aux grands et laborieux travaux que Federic Morel, gendre dudit Vascosan, a employé à l'impression de plusieurs beaux et recommandables livres grecs, latins, françois et autres, l'aurions retenu en l'estat de nostre imprimeur ordinaire, tant en hébrieu, grec, françois, que autres langues, vacquant par le trespas de feu Robert Estienne..... Nous, à ces causes..... donnons privilége..... auxdits de Vascosan et Morel, et chacun d'eux imprimer..... tous et chacun les livres d'icelle translation des dittes Vies, œuvres morales et meslées de Plutarque..... Donné à Paris, le 26e d'aoust..... 1572. »

(2) Antoine Vitré, confondant les faits, dit, dans le Mémoire cité déjà, que les matrices royales tombèrent, *il ne sait comment*, entre les mains de Paul Estienne, qui les engagea à Genève. Il ajoute : « Pour le regard des fontes qui avoient été faites aux dépens du roy, elles passèrent toujours ainsi d'imprimerie en imprimerie, et achevèrent enfin de s'user chez Prevosteau, à qui Fédéric Morel, aussi professeur du roy et imprimeur de Sa Majesté en langue grecque, les remit, en vertu d'un contrat passé entre eux, pardevant Fardeau et Belot, le 2 novembre 1587. »

avaient produit beaucoup de fontes avant leur disparition. Peut-être même étaient-elles encore entre les mains d'Etienne Prevosteau à la fin du XVIe siècle; car nous voyons ce typographe se qualifier imprimeur du roi pour le grec (*in græcis typogr. regius*) sur un livre imprimé par lui en 1596 : *Paradigmata de quatuor linguis orientalibus, præcipuis arabica, armena, syra, æthiopica*, in-4°, Paris, 1596 (1). Nous trouvons même plus tard un imprimeur du roi pour le grec (*in græcis typogr. regius*), c'est Pierre Pautonnier, qui exerçait encore en 1605. Faut-il penser que les matrices royales ont subsisté jusque-là ?

IV.

Le gouvernement français fait acheter à Genève, au commencement du XVIIe siècle, les matrices des grecs du roi emportées par Robert Estienne, et en confie la garde à son arrière-petit-fils Antoine.

En se retirant à Genève, Robert Ier Estienne emporta avec lui une série de matrices des deux plus petits caractères royaux, qu'il avait fait frapper pour son usage particulier (2). C'est un fait incontestable, quoique nié par quelques auteurs peu au courant de la question. Maittaire (3) va même jusqu'à dire : « Si Robert a emporté les types royaux, qu'on me montre un seul ouvrage où il les ait employés à Genève. » Ce raisonnement est radicalement faux, d'abord parce que Robert Estienne aurait pu emporter les matrices sans avoir eu occasion de s'en servir, ensuite parce qu'il aurait pu imprimer des livres avec les grecs du roi sans avoir emporté des matrices. Pour prouver que Maittaire a tort de prétendre que Robert Estienne ne s'est pas servi des types royaux à Genève, je n'ai qu'à invoquer ici un petit volume fort curieux qui se trouve à la Bibliothèque nationale (8° X, 273, réserve). Parmi les alphabets grecs que renferme ce volume, il y en a deux imprimés par Robert Estienne, l'un à Paris en 1550, sous ce titre : *Alphabetum græcum regiis trium generum characteribus postremò excusum*; l'autre à Genève, en 1554, sous un titre un peu différent : *Alphabetum græcum. Addita sunt Theodori Bezæ scholia, in quibus de germana græcæ linguæ pronuncia-*

(1) En 1599, la société de la Grand'Navire ayant aux mâts les lettres AL. BM. AD. MLI. fit imprimer *Sibillina oracula*, un vol. in-8°, où on retrouve les trois caractères royaux. Le privilége d'impression est au nom d'Abel L'Angelier, dont les initiales figurent au premier mât.

(2) S'il n'emporta pas de matrices du gros caractère (gros-parangon), c'est que ce caractère ne fut achevé qu'en 1550, au moment où Robert se disposait à quitter Paris.

(3) *Stephanorum historia*, p. 134-135 : « Præterea si Robertus regios typos secum Genevam importasset, velim mihi ostendi librum in quo excudendi Robertus ipse, Henricus, aut Paulus Genevæ iis typis usi fuerunt. »

tione disseritur. Or ces deux opuscules sont imprimés avec les mêmes caractères. Au reste, dans le second Alphabet, en tête duquel on lit une lettre de Théodore de Bèze, datée de Lausanne le 1er octobre (cal. oct.) 1554, Robert nous apprend lui-même que le petit caractère qui figure au recto du feuillet 15 est ce grec royal qui lui a servi à imprimer le Nouveau Testament in-16 de 1546 : « caracteres regii secundo loco scalpti, quibus Novum « D. N. Jesu Christi Testamentum minore forma excudit Rob. Steph. » Même observation pour le gros caractère qui figure au folio 16, verso, et qui, dit-il, lui a servi à imprimer le Nouveau Testament in-folio de 1550 : « caractères regii posteriores, quibus Novum D. N. Jesu Christi Testamentum « majore forma excudit etiam R. Steph. »

Cette preuve est péremptoire et me dispense d'entrer dans de plus amples détails. Il se peut, en effet, que Robert ou ses fils aient imprimé parfois avec d'autres types grecs; mais cela ne change pas la question. Il est certain que Robert avait emporté à Genève une série de matrices des grecs du roi. Nous dirons plus loin s'il en avait le droit.

Robert Ier, fils de Henri Ier (1), mourut en 1559, laissant de sa première femme, Perrette Bade, neuf enfants, tous nés à Paris, dont six seulement survivaient en 1559, si l'on en juge par les termes de son testament, publié par M. Renouard (2) :

1° Henri, son fils aîné, qui lui succéda dans l'imprimerie de Genève;

2° Robert, qui abandonna Genève, et devint imprimeur royal à Paris, comme nous avons vu;

3° Charles, qui abandonna également Genève, et se maria à Paris;

4° François, qui fut imprimeur à Genève;

5° Jeanne et
6° Catherine } qui furent mariées à Genève.

Henri II, né en 1528, succéda à son père en 1559. Il se maria trois fois, et eut de ses diverses femmes quatorze enfants, dont dix moururent fort jeunes. Des quatre survivants, un seul était en état de perpétuer le nom des Estienne, c'est Paul, né en janvier 1567, et successeur de son père en 1598. L'une de ses sœurs, appelée Florence, épousa en 1586 Isaac Casaubon.

Paul eut également plusieurs enfants, mais deux seulement survécurent;

(1) Quelques auteurs ont cru devoir signaler comme un fait des plus honorables la désignation numérique des divers membres de la famille des Estienne. « Ils ont eu, dit-on, le privilége des rois. » Quelque prévenu que je sois en faveur des Estienne, je n'en dois pas moins reconnaître que cette remarque est puérile. Toute généalogie demande l'emploi des numéros d'ordre, lorsque plusieurs membres d'une même famille portent le même nom. Le moindre gentillâtre est, sous ce rapport, aussi favorisé qu'un roi.

(2) *Annales des Est.*, 3e édit., p. 578.

ce sont : Antoine, né à Genève le 28 juin 1592, et dont nous aurons occasion de reparler, et Joseph, né le 23 septembre 1603, qui fut nommé le 15 juin 1629 imprimeur du roi à la Rochelle, faveur dont il jouit peu, car il mourut au mois d'octobre suivant.

Au milieu des tracas sans nombre que suscita à Henri II sa vie errante et son caractère difficile, il fut obligé d'engager à Nicolas Le Clerc, l'un de ses amis, les matrices (1) des grecs du roi que Robert son père avait emportées à Genève, pour sûreté d'un prêt de 400 écus d'or. Henri ne se libéra point de cette dette, et à sa mort, le payement ayant été demandé, le conseil renvoya à se pourvoir contre l'hoirie d'Henri. Cette décision contraria fort Isaac Casaubon, gendre d'Henri, ainsi qu'on le voit dans plusieurs de ses lettres. Suivant lui, elle réduisait à rien le faible avoir de sa femme. Le Clerc reçut alors 200 écus d'or en à-compte de sa créance; mais, resté créancier pour le reste de la dette, il ne se dessaisit point du gage; et plusieurs années après, le 16 novembre 1612, à la suite de quelques réclamations de la part du gouvernement du roi Henri IV, qui, ayant eu vent de l'existence de ces matrices, les revendiquait comme une propriété nationale, le conseil de Genève défendit que ce gage sortît des mains du dépositaire, tant pour sa sûreté que pour celle d'autres créanciers. En 1613, la créance de Le Clerc fut vendue aux frères Chouet, libraires, moyennant une somme équivalente à peu près aux trois quarts de ce qui restait dû. En 1616, le gouvernement français fit de nouvelles instances pour ravoir ces matrices. Le garde des sceaux du Vair, par l'entremise du conseiller Anjorrant, envoyé de la république à Paris, et d'après l'ordre exprès du roi Louis XIII, fit offrir de payer les créanciers des Estienne qui les retenaient. Mais comme elles servaient de gage à plus d'un créancier, on ne pouvait en disposer autrement que par une vente judiciaire dont le produit leur appartiendrait jusqu'à concurrence de leur dû, ce qui fut convenu et s'exécuta le 6 juillet 1616. Ces matrices furent adjugées à l'agent de la France pour le prix de 5,005 florins (2,310 fr.). La créance des frères Chouet fut liquidée à 3,888 florins, intérêt et principal, et celle de l'hôpital de Genève fut réduite à 500 florins; de sorte que la somme à prendre sur le prix d'adjudication n'était que de 4,388 florins, le reste revenant à Paul.

Il semblerait qu'il n'y avait plus qu'à payer et à prendre livraison; mais l'ambassade d'Angleterre, qui avait reçu de sa cour l'ordre de faire acheter ces types à Genève, promettait mille écus à Paul Estienne, qui aurait

(1) Le petit-fils de Nicolas Le Clerc, de mêmes noms que lui, qui raconte le fait à sa façon, dans sa *Bibliothèque choisie*, t. XIX, p. 120, dit par erreur que Henri avait engagé *les poinçons*.

voulu vendre et régler lui-même avec ses créanciers (1). L'envoyé de Genève, instruit de ces tentatives par les démarches faites auprès de lui à ce sujet, en informa le garde des sceaux de France, qui, pour sauver aux Genevois l'embarras d'un refus à l'Angleterre, « fit entendre à l'ambassade que ces matrices appartenoient au roi, ayant été dérobées à François Ier, ce que lesdits ambassadeurs ont écrit à leur maître, n'espérant pas de les pouvoir plus obtenir (2). »

Tout ne se termina pas là. La seigneurie de Genève offrait d'envoyer ces matrices à Lyon, à Dijon ou à Paris, pour y être livrées en échange des trois mille livres promises par le gouvernement français; mais le temps se passait en pourparlers, et on ne concluait rien, lorsqu'en 1619, le clergé de France, prenant occasion d'un grand projet, la réimpression des Pères de l'Eglise, demanda au roi que les matrices grecques fussent rachetées et rapportées en France. Sur cette requête intervint l'arrêt suivant, qui se trouve imprimé dans les *Actes et Mémoires du clergé de France*, de 1645 et 1646, tome II, page 250; mais dont j'ai collationné le texte sur l'original, aux Archives générales de France, conseil d'Etat, E 61.

Arrest du conseil d'Estat du roy, du 27 mars 1619, rendu sur les remonstrances des agens généraux du clergé, par lequel le roy ordonne une somme de 3,000 livres pour retirer les matrices grecques que le roy François Ier avoit fait en faveur des lettres et des universités de France, et que Paul Estienne avoit depuis vendues ou engagées à la seigneurie de Genève, moyennant pareille somme, et ce pour s'en servir à l'impression des Pères grecs entreprise par le clergé.

Sur ce qui a esté remonstré au roy en son conseil, par les agens généraux du clergé de France, qu'une des plus grandes gloires de ce royaume estoit d'avoir de tout temps tellement chéry les arts et les sciences, que les estrangers les seroient venus rechercher dans ses universités comme en leur séjour naturel; et que non-seulement cedict royaume auroit surpassé les autres par la splendeur des lettres, mais aussi par la quantité et curiosité des bons livres et belles impressions, tant grecques que latines. Que maintenant lesdicts estrangers, jaloux de ceste gloire, ne pouvans rompre l'amitié et l'habitude que les lettres ont avec les esprits qui naissent en ce royaume, s'efforcent d'en oster les impressions, qui sont la voix et les parolles des sciences, par lesquelles elles traittent et confèrent avec les hommes : auquel effet quelques estrangers ont depuis peu acheté de Paul Estienne, pour le prix et somme de 3,000 livres, les matrices grecques que le feu roy François Ier avoit fait tailler (3) pour ornement de ses universités et com-

(1) Voyez à ce sujet deux lettres de Paul publiées par M. Renouard (*Annales des Est.*, 3e édition, p. 576 et suiv.).

(2) J'emprunte tout ce récit à M. Renouard (*Ann. des Est.*, 3e édition, p. 502 et suiv.), qui l'a puisé dans des documents copiés pour lui dans les registres du conseil de Genève.

(3) On ne taille pas des matrices, on les frappe avec le poinçon. Voyez l'observation de la page 16.

modité des lettres, avec tant de frais qu'il ne seroit ny juste ny raisonnable, mesme qu'il importe à la grandeur et à l'honneur de ce royaume, d'en laisser emporter choses si rares et si riches, inventées par le bonheur et diligence des feus roys, ce qui seroit funeste à tous les bons esprits, et qui inviteroit les Muses à suivre ceux qui posséderoient ces ornemens et abandonner ce royaume. Au moyen de quoy lesdicts agens supplient Sa Majesté vouloir ordonner que ladicte somme de 3,000 livres sera prise de son espargne, pour estre payée comptant audict Paul Estienne, afin que lesdictes matrices soient apportées en ceste université de Paris, pour servir à l'impression des Pères et auteurs grecs.

Le roy, en son conseil, ayant esgard à ladicte remonstrance, a ordonné et ordonne que de la somme de six vingt mille livres naguères fournie ès mains de maistre François de Castille, receveur général du clergé, par le trésorier de son espargne, pour subvenir au payement des rentes de l'hôtel de ville, assignées sur ledict clergé, suivant l'arrest du dernier mars 1618, il en sera pris et employé la somme de 3,000 livres pour retirer lesdictes matrices des mains de la seigneurie de Genève ou dudict Estienne. Et d'autant qu'il est nécessaire qu'elles soient rendues fidèlement, veut Sadicte Majesté lesdictes matrices estre retirées par le sieur de Vic, conseiller audict conseil d'Estat, et à cet effet lesdictes 3,000 livres lui estre baillées comptant par ledict de Castille, et qu'il soit payé présentement sur ladicte somme 400 livres audict Estienne, lequel se transportera en la ville de Genève pour les recognoistre, et rendre au plus tost fidèle rapport de tout l'estat et condition d'icelles. Et rapportant par ledict de Castille quittance dudict sieur de Vic de ladicte somme de 3,000 livres, elle luy sera passée et allouée en ses comptes, qu'il rendra par devant les sieurs du clergé.

Du 27e jour de mars 1619, à Paris. (Suivent quatre signatures illisibles.)

Ainsi donc plus d'obstacles ni d'opposition de la part de Paul Estienne, devenu l'agent de cette négociation. Mais longtemps avant il avait été compromis dans une fâcheuse affaire (1). Sorti de prison sur sa parole de ne point quitter Genève, Paul s'était sauvé à Paris, et il ne pouvait rentrer dans Genève sans un sauf-conduit que le conseil refusait. Le roi crut devoir écrire, pour l'obtenir, une lettre expresse, dont voici la teneur :

Lettre de Louis XIII au conseil de la république de Genève, au sujet des matrices grecques.

A nos très chers et bons amis les syndiques et conseil de Genève.

Très chers et bons amis, ayant advisé de faire retirer quelques matrices d'imprimerie qui furent portées à Genève par feu Robert Estienne, comme nous appartenans, nous avons commandé à Paul Estienne, son petit-fils, de se transporter par delà pour les recognoistre et nous les faire rapporter, de quoy nous espérons que de vostre part vous nous ferez paroistre toute favorable disposition, et ayderez en cela à l'effect de nostre intention, comme à chose que nous avons à cœur, donnant à ceste fin tout seur et libre accès audit Paul Estienne dans

(1) Voyez les *Annales des Est.*, 3e édit., p. 501.

ladite ville de Genève, et tout bon et favorable traictement. Et n'estant la présente pour autre effect, nous prions Dieu, très chers et bons amis, qu'il vous ait en sa saincte et digne garde. Escrit à Sainct-Germain en Laye, le 29e jour de novembre 1619. *Signé :* LOUIS. Et plus bas : BRULART.

En conséquence de cette lettre, le sauf-conduit fut promis. Paul vint à Genève sur la fin de février 1620, présenta requête pour obtenir ce sauf-conduit, qui lui fut accordé pour deux mois, et probablement prolongé ensuite. Il reçut les matrices, qu'il reconnut en bon état, et consentit à payer les dettes liquidées lors de l'adjudication de 1616. Le conseil écrivit à M. Anjorrant, le 5 mars 1621, que l'on avait fait avec Paul ce qu'il avait désiré, et tout fut terminé là quant à l'affaire de Genève (1). Toutefois, avant de livrer les matrices, il paraît qu'on avait fait faire dans cette ville une fonte (2) de chacun des deux caractères. Paul les réclama, offrant d'en payer la valeur. On ignore quel fut le résultat de cette demande.

Ces matrices grecques furent alors confiées à Antoine Estienne, fils de Paul, déjà imprimeur du roi à Paris depuis plusieurs années (3), et qui, par brevet du 30 décembre 1623, reçut, pour ce dépôt sans doute, une pension de 600 livres sur l'épargne. Antoine, déjà gratifié d'une pension de 500 livres par le clergé de France, qui l'avait nommé son huissier audiencier, en récompense de l'abjuration du protestantisme, qu'il avait faite en 1612 entre les mains du cardinal du Perron, son patron, reçut de plus un logement gratuit au collége de France, à titre de gardien des matrices grecques, qu'on voulut probablement rattacher à cet établissement littéraire, comme convenant mieux que la chambre des comptes, où M. Renouard dit à tort qu'elles furent déposées (4).

(1) Si l'on en croyait Vitré, ce n'est pas avec l'argent du clergé qu'auraient été acquises les matrices de Genève. « Vitré, dit-il, dans son Mémoire déjà cité, ne sçait que devinrent les trois mille livres; mais il sçait qu'elles n'ont pas esté employées à cela, et que ce n'a pas esté par ceste voie que les matrices ont esté retirées, selon l'intention du clergé; car les choses ont demeuré en l'estat où elles estoient jusques au temps de M. des Noyers, qui employa l'autorité du roy auprès de la seigneurie de Genève pour les faire revenir en France. » Les faits rapportés plus haut d'une façon si précise donnent tort à Vitré.

(2) M. Renouard dit qu'on avait fait deux fontes; mais c'est parce qu'il a mal compris les termes du document qu'on lui avait communiqué. Les deux fontes se rapportent aux deux seuls caractères dont on avait les matrices à Genève, c'est-à-dire celles de cicéro et de gros-romain.

(3) M. Renouard (*Annales des Est.*, 3e édit., p. 212) a parfaitement prouvé qu'Antoine était déjà imprimeur du roi. Le brevet du 30 décembre 1623, mentionné par La Caille (p. 217), ne doit donc pas se rapporter à la charge d'imprimeur du roi, comme le croit cet auteur, mais bien à celle de garde des matrices grecques.

(4) *Ann. des Est.*, 3e édit., p. 505. M. Renouard a confondu les matrices grecques avec les matrices des caractères arabes, etc., achetées, sur l'ordre du roi, par Antoine Vitré, imprimeur du roi pour les langues orientales, et provenant

Le logement d'Antoine devait être « dans ces vieilles constructions que l'on a abattues en 1836 et 1837 pour faire au collége royal, dans la rue Saint-Jacques, la belle entrée maintenant existante, depuis longtemps désirée, et projetée dès 1610, année où furent achetés les premiers terrains sur lesquels, après plus de soixante ans, on construisit cet établissement scientifique (1). »

Une sentence du lieutenant civil, du 28 mai 1631, « ordonne que l'imprimerie d'Antoine Estienne sera rendue au collége royal, en présence des syndics et adjoints des libraires. » M. Renouard dit qu'il ne peut être ici question que du local et non de l'imprimerie même (2). Je suis d'un autre avis. En voyant la gêne constante d'Antoine, dont les dettes nécessitèrent plusieurs actes judiciaires (3), je ne suis pas éloigné de penser que les directeurs du collége royal s'étaient rendus adjudicataires de son imprimerie pour la lui conserver, et crurent devoir faire constater leurs droits devant les chefs de sa corporation. En effet, la preuve qu'il ne s'agit pas ici du local, c'est qu'Antoine resta toujours dans ce logement, où il se trouvait du moins encore en 1663, comme nous le verrons plus loin, quoique ce fait fût contraire aux règlements, qui défendaient aux libraires d'habiter les colléges (4). La revendication indiquée plus haut, loin d'être une mesure rigoureuse à l'égard d'Antoine de la part des directeurs du collége royal, prouve au contraire, suivant moi, leur bienveillance pour lui. Au reste, Antoine Estienne n'était pas le seul qui eût un logement dans ces bâtiments. Je trouve dans un *Recueil chronologique des lettres patentes*, *etc.*, *sur l'imprimerie*, une note ainsi conçue : « 16 juillet 1617, délibération de la communauté qui « arrête qu'il sera loué une salle au collége royal pour la somme de 40 livres, « pour y visiter les livres des libraires du dehors. » La communauté conserva même fort longtemps cette salle, où elle tenait aussi ses assemblées, et qui paraît lui avoir été cédée gratis en 1655. Voici, en effet, ce qu'on lit dans le recueil déjà cité, à la date du 10 mars de cette année : « Concession « d'une partie de la salle basse du collége royal faite par l'évêque de Cou-« tance, grand aumônier de France, à la communauté, pour y tenir ses as-

de la succession de Savary de Brèves, qui furent en effet déposées à la chambre des comptes. M. de Guignes a publié l'ordre du roi relatif à ce dépôt. (Voyez son *Essai historique*, p. XXXVII du tome Ier des *Notices et extraits des manuscrits*, etc.)

(1) Renouard, *Ann. des Est.*, 3e édit., p. 518.

(2) *Ibid.*

(3) *Ibid.*, 515.

(4) Il y eut à ce sujet plusieurs déclarations du roi, une entre autres du 6 février 1625, portant que tous les libraires doivent habiter dans l'Université, *et non dans les colléges.* (Voyez le Recueil chronologique cité plus bas.)

« semblées et y visiter les livres. » Le 5 décembre 1670, la communauté « eschangea cette chambre contre celle de Cambrai (1). » Cet échange eut lieu pour satisfaire à un ordre du roi qui prescrivit cette année aux libraires de déguerpir du collége royal; mais qui cependant ne fut pas rigoureusement exécuté, si on s'en rapporte à un mémoire qu'il convient de publier ici.

Mémoire manuscrit conservé dans les archives de la Bibliothèque nationale (papiers relatifs à l'imprimerie royale), *et qui semble avoir été rédigé par un imprimeur ordinaire du roi* (vers 1720) (2).

Les anciens imprimeurs ordinaires du roy ont eu leur logement au collége royal; Robert Estienne a esté le premier qui y fut logé, par le roy François Ier, en 1525 (3). Plusieurs autres imprimeurs du roy, successeurs de Robert Estienne, ont esté pareillement logés dans ledit collége royal, sous les règnes des roys Henry II, Charles IX et Henry III.

Dans la suite, les imprimeurs du roy (4) eurent la foiblesse de prester leur logement à la communauté des marchands libraires, qui voulurent se l'approprier, et en ont jouy jusqu'à l'année 1670, que le feu roy, estant informé que le logement que les libraires occupoient dans le collége royal ne leur appartenoit pas, envoya un ordre aux libraires d'en sortir, auquel n'ayant pas obéy, feu M. Colbert envoya un second ordre le 4 décembre 1672, qui fut signifié au syndic par un garde du roy de la prévosté, auquel ils refusèrent encore d'obéir.

Enfin, le 24 octobre 1679, M. Colbert envoya un exempt des gardes de la prévosté, avec un troisième ordre, pour les faire sortir de force, ce qui fut exécuté. Ils ont fait depuis ce temps plusieurs tentatives, dont ils ont toujours esté rebuté, avec justice.

Présentement, la communauté des libraires sollicite auprès de Son Altesse royale monseigneur le duc d'Orléans pour avoir la place qui reste à bâtir dudit collége royal, ce qui ne seroit pas juste de leur accorder, attendu que tout le terrain du collége royal est destiné pour loger les professeurs royaux et les imprimeurs du roy, et non pour une communauté de marchands libraires, qui en a esté chassée en 1679. Il est très important que monseigneur le duc d'Antin soit informé de la démarche des marchands libraires, afin qu'il s'oppose à leur injuste demande. Il y a bien plus de justice d'accorder le même terrain aux imprimeurs ordinaires du roy, qui ont l'honneur d'avoir monseigneur le duc d'Antin pour supérieur, et qui donnent tout leur temps, peines et soins pour le service du roy et de l'Estat.

(1) *Recueil chronologique*, etc., Ms. de la Bibl. nat., Suppl. franç., 5030.

(2) Je dois la connaissance de cette pièce à M. Olivier Barbier, l'un des conservateurs adjoints de la Bibliothèque nationale.

(3) On fait ici sans doute allusion au domicile des premiers Estienne dans le haut de la rue Saint-Jean-de-Beauvais (au clos Bruneau), près du collége royal; mais il est bon de faire remarquer que ce logement a été occupé d'abord par Henri Ier, qui n'a pas été imprimeur du roi, et ensuite par Robert avant la création du collége royal, qui n'eut lieu qu'en 1530.

(4) Cela se rapporte peut-être à Antoine Estienne, chez qui se serait réunie la communauté; toutefois nous avons vu que cette dernière possédait déjà une salle au collége royal en 1617.

V.

Histoire des types grecs du roi durant le XVIIe siècle.

A partir du jour de la rentrée en France des matrices achetées à Genève, les *grecs du roi* reparurent avec tout leur éclat dans un grand nombre de belles et savantes éditions. Je citerai particulièrement une collection des Pères de l'Eglise, en 10 vol. in-folio, publiée en 1624, par la compagnie de libraires connue sous le nom de *Société de la Grand'Navire avec les initiales au haut des mâts* (1). Cette édition, ordinairement reliée en 8 volumes (2), est copiée sur celle donnée précédemment par Margerin de la Bigne; mais elle est augmentée des Pères grecs.

La même année Antoine Estienne publia, pour une autre grande compagnie appelée *Societas græcarum editionum* (3), une édition de Plutarque en 2 volumes in-folio. Il a soin de constater sur le titre que cette impression est faite *typis regiis*.

En 1625, le même imprimeur exécuta pour la même compagnie une édition de Xénophon; en 1629, une d'Aristote, etc.

Une nouvelle compagnie de libraires à la *Grand'Navire*, ayant pour associés Etienne Richer, Sébastien Cramoisy, Denis Moreau, Claude Sonnius, Gabriel Cramoisy et Gilles Morel, publia en 1638, *typis regiis*, les œuvres de saint Cyrille d'Alexandrie; en 1641, celles de Clément d'Alexandrie, etc. (4).

Vers le même temps, la fondation de l'imprimerie royale et l'impression dans cet établissement de la collection de la *Byzantine* donnaient un nouveau

(1) Elle était composée des libraires Michel, Laurent et Jean Sonnius, et Jérôme Drouart.

(2) Divisés ainsi : Ier tome, 1re partie du 1er volume; IIe tome, 2e partie du 1er vol.; IIIe tome, 2e et 3e vol.; IVe tome, 4e vol.; V[e] tome, 5e, 6e et 7e vol.; VIe tome, 8e vol.; VIIe tome, 9e vol.; VIIIe tome, 10e vol. Sur le premier volume paraît une grande vignette, qui occupe toute la page du titre; sur les autres volumes, on voit seulement la *Grand'Navire*, avec le mot *Lutetia*.

(3) Des exemplaires de ce livre portent sur le titre : *Apud Societatem græcarum editionum* (Bibl. Sainte-Geneviève); d'autres : *Apud Antonium Stephanum* (Bibl. nat.). L'épître dédicatoire, adressée au roi Louis XIII, est signée par Antoine Estienne, *suo et societatis nomine*, ce qui prouve qu'il faisait partie de cette compagnie, que La Caille dit seulement composée de Morel, Sonnius, Cramoisy et Buon.

(4) En présence de ces faits, je ne m'explique pas le passage suivant des *Etudes* de M. Crapelet (p. 189) : « En 1637, le docteur Chartier, professeur de médecine, voulant publier une édition en grec et en latin des ouvrages d'Hippocrate, ne put trouver aucun correcteur à Paris capable de lire les épreuves de son livre, et il fut obligé de confier à plusieurs savants de ses amis ce pénible et minutieux travail. »

relief aux types de François Ier, dont les matrices restèrent toutefois encore dans les mains d'Antoine Estienne. Ce typographe prenait alors (1649) le titre de *premier imprimeur et libraire du roi*, titre qu'il rendait en latin par les mots : « Prototypographus regius et christianissimi regis bibliocômus ordinarius » (1).

Mais bientôt après, poussé sans doute par la gêne qui, de 1650 à 1664, semble avoir arrêté l'essor de son imprimerie, Antoine Estienne commit un abus de confiance assez grave. Il nous est révélé par un arrêt du conseil, dont il convient de donner ici le texte, quoiqu'il renferme quelques inexactitudes chronologiques.

Arrêt du conseil relatif aux caractères grecs du roi (2).

Sur ce qui a esté représenté au roi, estant en son conseil, que le roy François Ier, ayant faict graver des poinçons et frapper des matrices de plusieurs sortes de caractères grecs, entre autres de celui appelé de *gros-romain*, et d'un autre plus petit, appelé grec de *cicéro*, lesdits caractères furent trouvés si parfaits, qu'ils furent appelés *les grecs du roy*, et ont esté depuis employés aux impressions des ouvrages des Pères de l'Eglise grecque et des autres anciens auteurs grecs catholiques; mais ces matrices ayant esté, par succession de temps, diverties et dissipées, mesme transportées dans les pays étrangers par la mauvaise conduite de ceux auxquels ces caractères avoient esté confiés, elles auroient, de l'autorité de Sa Majesté, et avec beaucoup de despense et d'application, esté recueillies, et enfin déposées au collége royal, et mises en la garde des Estienne, lesquels ayant fait fondre quantité des deux sortes de grecs aux despens de Sa Majesté, Antoyne Estienne les auroit vendus à vil prix à un libraire nommé Lucas, faisant profession de la religion prétendue réformée, qui dit les avoir envoyés à Jean Berthelin, libraire à Rouen, faisant profession de la mesme religion prétendue réformée; et d'autant qu'il importe de prévenir les abus desdits caractères contre la religion catholique, apostolique et romaine, et qu'ayant esté fondus aux despens du roy, ledit Estienne n'en a pu disposer sans sa permission.

A quoy Sa Majesté voulant pourvoir, le roi, estant en son conseil, a ordonné et ordonne qu'à la diligence des procureurs généraux de Sa Majesté, lesdits caractères grecs seront saisis et arrestés en quelques lieux du royaume qu'ils se rencontrent, pour, les procès-verbaux de saisies rapportés, y être pourveu par Sa Majesté ainsy qu'il appartiendra; a fait très expresses inhibitions et deffenses audit Estienne, et à tous autres, de faire faire aucune fonte desdits caractères grecs sur lesdites matrices, et à tous fondeurs desdites lettres d'en fondre sans permission de Sa Majesté, à peine de prison. A fait pareillement deffense à tous libraires et autres de transporter hors du royaume lesdites lettres grecques, à

(1) Voyez les *Annales des Est.*, 3e édit., p. 224 et 225.

(2) Archives générales de France, arrêts du conseil, E. 1718, fol. 93. Cette pièce a été imprimée déjà, mais avec la date inexacte du 27 juillet, dans un recueil d'actes sur l'imprimerie royale (vol. in-4° de XII et 265 pages) dont il n'a été tiré que cinq exemplaires, en 1815. Un de ces exemplaires est en ma possession

peine d'être procédé extraordinairement contre ceux qui auront fait ou favorisé ledit transport.

A Paris, le vingtiesme juillet 1663. Signé : PONCET et SÉGUIER.

D'après ce document, on voit qu'Antoine Estienne n'avait pas le droit de faire des fontes des grecs sans la permission du roi. Peut-être, pour le punir de sa faute, lui retira-t-on alors la garde de ces caractères; cependant il semble l'avoir eue jusqu'à sa mort; mais il n'en fit plus usage à partir de 1664, époque où il paraît avoir cessé d'imprimer. Il mena encore pendant dix ans une vie misérable, et mourut en 1674, presque aveugle de vieillesse, à l'Hôtel-Dieu de Paris (1), où il s'était depuis peu retiré. En lui s'éteignit, à proprement parler, la famille des Estienne; car son fils Henri, qui avait obtenu la survivance de son office d'imprimeur du roi par brevet du 28 avril 1652, enregistré au parlement le 24 mars 1653, d'après le consentement de la communauté des imprimeurs-libraires, donné le 20 du même mois, était mort le 6 octobre 1661 (2).

Je viens de dire qu'Antoine Estienne semblait avoir conservé la garde des matrices des grecs du roi jusqu'à sa mort. En effet, il n'en est pas encore question dans un inventaire de l'imprimerie royale fait en 1670, lorsque cet établissement passa de la direction de Sébastien Cramoisy à celle de son neveu, Sébastien Mâbre-Cramoisy, qui en avait obtenu la survivance dix ans auparavant.

(1) On sait que son grand-père, le plus célèbre des Estienne, Henri II, mourut à l'hôpital de Lyon, en 1598. Charles était mort en 1564 dans les prisons du Châtelet. Cette famille a eu, comme on voit, une singulière destinée!

(2) Il a été publié plusieurs généalogies des Estienne. Aucune ne fait mention d'un Gommer Estienne, imprimeur-libraire à Paris en 1555, dont l'existence est révélée sur la souscription d'un petit livre fort curieux acheté par le libraire Potier à la vente de la Bibliothèque Parison, le 29 février 1856. Ce Gommer n'était sans doute pas de la famille des grands Estienne; mais comme on n'a connu jusqu'ici point d'autre famille de ce nom dans l'imprimerie au XVIe siècle, il est bon d'enregistrer le fait. Le livre en question est un Psautier (*Psalterium Davidicum*) in-16, qu'on croit imprimé pour le connétable Anne de Montmorency, parce qu'il est orné à la première page d'un cadre gravé sur bois portant sa devise grecque, ses armes et son monogramme. Il est certain que l'exemplaire de M. Parison a été imprimé pour le connétable et lui a appartenu, car on voit encore ses initiales sur la reliure; mais cela ne prouve pas que l'édition ait été faite uniquement pour lui, car alors on n'y aurait pas mis l'adresse d'un libraire; or on lit au bas de la première page : « Parisiis, apud Gommaerum Stephanum, in vico Bellovaco, ad insigne Hominis Sylvestris, 1555. » D'où je conclus que l'éditeur de ce livre en a seulement fait tirer un exemplaire pour l'usage du connétable; mais que le reste de l'édition a été mis en vente. Peut-être est-ce Gommer qui avait imprimé de 1539 à 1552 au collége des Lombards (collegium Italorum), au témoignage de Lottin (*Catalogue*, etc., t. II, p. 29), et qui venant s'établir ensuite dans la rue de Beauvais, à l'enseigne du Sauvage, fut la tige de la seconde famille des Estienne, libraires à Paris au XVIIe siècle. (Voyez Lottin, *ibid.* p. 63, et Renouard, *Annales des Est.*, 3e édit., p. 520.)

Dans cet inventaire, il n'est question que de caractères grecs, et non de matrices. Mais, chose singulière ! on y trouve mentionnée une fonte du grec de gros-parangon, quoique les matrices de ce caractère ne se soient pas trouvées parmi celles qui avaient été rachetées à Genève. Il est vrai que ce grec est dit demi-usé, et qu'il pouvait provenir de quelque vieille fonte acquise par l'imprimerie royale à la vente d'une ancienne imprimerie.

Voici, au reste, les termes de cet inventaire :

1° Gros-parangon *demi-usé*		1327 livres.
2° Gros-romain	*presque neuf*	973
	usé	295
3° Cicéro *demi-usé*		270

Le gros-romain presque neuf avait sans doute été fourni récemment par Antoine Estienne, le détenteur des matrices rachetées à Genève. Quant au gros-parangon, il était alors impossible de le renouveler, car on n'en avait pas de matrices.

Quoi qu'il en soit, il est certain qu'aussitôt après la mort d'Antoine Estienne, sinon avant, l'imprimerie royale reçut en dépôt les matrices genevoises, car nous les y retrouvons en effet quelque temps après. Non content de cela, le gouvernement songea à y faire rentrer les poinçons mêmes, dont l'existence avait été récemment révélée au public par le curieux Mémoire de Vitré déjà cité, et où on lit le passage suivant :

« Je dois rendre ce témoignagne à l'honneur de messieurs de la chambre des comptes, que les poinçons y sont encore aujourd'huy très soigneusement conservés, dans des boëtes toutes garnies de veloux. Je sçay mesme que quelques grands, les ayant obtenus du roy en don, pour en tirer de l'argent, ils s'y sont fortement opposez. Il est vray que je fis considérer à quelques-uns de messieurs de cette compagnie, qui me firent l'honneur de m'en parler, de quelle importance estoient ces choses-là, et leur dis qu'il pourroit venir un temps auquel on puniroit comme des sacriléges ceux qui auroient donné les mains au transport de ces poinçons-là ; qu'il y avoit lieu d'espérer qu'enfin on se lasseroit de tant ferrailler, et que Dieu peut-estre nous donneroit sa paix ; qu'alors on ne les laisseroit pas là sans les faire servir, quand on en auroit besoin, ou en France ou aux autres pays catholiques, avec l'agrément du roy, en leur permettant d'en faire frapper des matrices, à la charge de mettre aux ouvrages qu'ils en feroient les mots *typis regis christianissimi.* »

Mais si on avait retrouvé la trace des poinçons grecs, on avait alors si complétement perdu de vue les circonstances de ce dépôt, que M. de Louvois, dans une lettre du 10 décembre 1683, crut devoir demander à la chambre des comptes comment « la cassette qui le renfermoit avoit été portée à « la chambre, comment la chambre en étoit chargée, en vertu de quel ordre, « et copie de cet ordre, s'il se pouvoit » (1).

Il ne paraît pas qu'on ait pu répondre d'une manière satisfaisante à ces diverses demandes, car la chambre des comptes ignorait elle-même d'où lui venait ce dépôt.

Cinq jours après, Louis XIV écrivait aux gens de la chambre des comptes une lettre qui prouve qu'on ignorait même de quoi se composait au juste le dépôt en question :

Lettre du roi aux gens tenant la chambre des comptes, pour leur ordonner de remettre au directeur de l'imprimerie royale une layette renfermant des poinçons de caractères grecs.

Louis, etc., à nos amés et féaux les gens tenant notre chambre des comptes à Paris, salut. Ayant été informé qu'il y a dans le greffe de notredite chambre une layette remplie de *poinçons ou matrices* de lettres grecques et autres, déposées audit greffe depuis longtemps, lesquelles pourroient s'y gâter (2), et qu'elles peuvent servir à notre imprimerie pour en faire des caractères, voulant qu'elles soient mises entre les mains de notre amé Sébastien Mâbre-Cramoisy, directeur de notredite imprimerie, et pour cet effet tirées du greffe de notredite chambre ; à ces causes, nous vous mandons et ordonnons de faire incessamment remettre cesdits poinçons et matrices entre les mains dudit Cramoisy, desquels il se chargera au bas du procès-verbal que vous en ferez faire, pour, par lui, être conservés en notre dite imprimerie ; car tel est notre plaisir.

Donné à Versailles, le quinzième jour du mois de décembre, l'an de grâce mil six cent quatre-vingt-trois, et de notre règne le quarante-unième.

Signé : LOUIS. Et plus bas : Par le roi, COLBERT.

Avant de s'exécuter, la chambre des comptes exigea trois lettres de cachet, une pour la compagnie, l'autre pour M. le premier président, et la troisième pour les avocat et procureur généraux. Ces formalités remplies, la layette fut remise. Elle consistait en huit paquets de poinçons, dont on fit faire presque aussitôt des matrices ; c'est du moins ce qu'il est permis de conclure des inventaires de l'imprimerie royale qui furent dressés par la veuve de Sébastien Mâbre-Cramoisy, pour être remis au nouveau directeur, Jean Anisson, nommé le 15 janvier 1691. L'inventaire signé par ce dernier, le 29 janvier, nous apprend, en effet, qu'il y avait alors à l'imprimerie royale

(1) M. de Guignes, *Essai*, etc., p. xcII (en tête du premier volume de la collection des *Notices et extraits des manuscrits de la Bibliothèque royale*).

(2) Elles auraient probablement péri dans l'incendie de la chambre des comptes si elles y fussent restées.

deux assortiments de matrices des deux plus petits caractères, c'est-à-dire celui provenant de Genève, et celui exécuté récemment à Paris :

Gros-parangon . . .	82 (1) poinçons.		497 matrices.
Gros-romain. . . .	447 poinçons	1er assortiment. .	614
		2e assortiment . .	537
Cicéro	(2) poinçons	1er assortiment . .	481
		2e assortiment . .	350 (désassorties).

De plus cet inventaire nous fait connaître le poids des caractères grecs fondus que possédait l'imprimerie royale :

Gros-parangon demi-usé		1093 livres (3).
Gros-romain	presque neuf	1502
	presque usé.	1021
Cicéro	usé.	258
	presque usé.	489

En outre,

Un saint-augustin, plus de demi-neuf 557
(On n'avait ni poinçons ni matrices de ce caractère.)

Dans un inventaire général du 8 février 1691, signé Muguet et Coignard, on retrouve le même détail de poinçons et de matrices des caractères grecs; Malheureusement on n'a fait que copier le premier, et nous ne pouvons par conséquent rectifier celui-ci.

Dès le début de la direction de Jean Anisson, on songea à réparer ce qui pouvait manquer dans les caractères grecs du roi. Le 7 février 1692, dit M. de Guignes (4), M. de Pontchartrain passa avec le graveur Grandjean un marché par lequel celui-ci « s'engagea de faire 156 poinçons de lettres « grecques de gros-romain; plus, d'en frapper deux matrices de chacun en « beau cuivre rouge, avec une fleur de lis marquée ainsi que sur le poinçon. « L'une de ces matrices sera justifiée au premier assortiment des matrices « de gros-romain grec, et l'autre au second assortiment du même gros-ro- « main grec. »

(1) Ce chiffre est évidemment inexact. Il a été emprunté à un *état* où on a fait suivre d'un *p* certaines lettres, comme devant indiquer celles dont on avait des poinçons, mais où on a omis tout le gros de l'alphabet. Il y avait certainement plus de 300 poinçons pour le gros-parangon.

(2) Ici, on a mieux fait que de se tromper de chiffre, on n'en a point mis du tout, quoiqu'il y ait plus de 300 poinçons de ce corps.

(3) On voit par ce chiffre qu'on n'avait point fondu de caractères de ce corps depuis 1670, car il avait seulement diminué de quantité.

(4) *Notices et extraits des manuscrits*, etc., t. I, p. XCIII.

On se proposait aussi de faire plusieurs autres corps de grec, comme on le voit par un marché détaillé de Grandjean ; mais ce marché ne reçut qu'un commencement d'exécution. Grandjean commença un quatrième corps de grec de même style ; mais ce caractère, plus fort que les autres, est resté imparfait, et le nombre de poinçons qu'on en possède est très restreint. Il grava aussi des majuscules et quelques lettres longues raccourcies, destinées à permettre de fondre le gros-romain sur le corps saint-augustin, afin de remplacer le caractère de ce nom, dont on n'avait pas de matrice, comme nous l'avons dit plus haut.

VI.

Histoire des types grecs du roi aux XVIIIe et XIXe siècles.

Nous avons vu que l'Angleterre n'avait pu s'approprier les matrices grecques de Robert Estienne, malgré les démarches de son ambassadeur à Genève. Plus tard, l'université de Cambridge, qui déjà s'était procuré de vieilles fontes des deux plus petits caractères, désira s'en procurer de nouvelles. Les curateurs de l'imprimerie fondée dans cet établissement s'adressèrent pour cela à Clément, garde de la Bibliothèque du roi, et demandèrent une certaine quantité de ces caractères, offrant de reconnaître cette faveur dans une préface des premiers ouvrages qu'ils imprimeraient, et d'en payer le prix en livres. De plus, ils s'offraient de s'entremettre pour faire obtenir à l'imprimerie royale de France, en telle quantité qu'elle voudrait et aux conditions auxquelles l'obtenait l'université de Cambridge, une encre à imprimer particulière, luisante, dont le secret appartenait à une société anglaise.

Voici, au reste, la copie exacte de quelques pièces relatives à cette affaire, dont les originaux sont encore dans les archives de la Bibliothèque nationale, où l'on a bien voulu me permettre de les copier.

Lettre de M. Prior à M. Clément, garde de la Bibliothèque royale, accompagnant une demande de caractères grecs faite par les curateurs de l'imprimerie de l'université de Cambridge (1).

A Whitehal, ce 18e d'avril 1700.

Monsieur,

Les affaires du parlement nous ont tant occupé icy pendant quelques mois passés, qu'à peine a-t-on eu le tems de penser aux belles-lettres, ni de tenir correspondance avec les gens qui en font profession. A cette heure que je m'en suis un peu débarrassé, souffrés, Monsieur, que je vous rende grâces de toutes

(1) J'ai conservé fidèlement dans cette pièce le style de son auteur, mais je ne me suis pas cru obligé de reproduire quelques fautes d'orthographe dues à son peu de pratique de la langue française.

les honnêtetés dont vous m'avez comblé pendant mon séjour en France, et que je demande vos bons offices et votre assistance dans l'affaire de notre imprimerie à Cambridge, selon ce que vous avez eu la bonté de me promettre autrefois. La faveur que nous désirons, c'est de pouvoir obtenir par votre moyen les types dont l'incluse fait mention, et le plus tôt que cela se pourroit. Je n'ose pas écrire sur ce sujet à M. l'abbé de Louvois, me fiant entièrement sur vous. Je vous donne pourtant en charge de luy faire mille complimens de ma part, et de le prier de nous donner son appuy dans cette affaire, si vous le trouvez nécessaire. Le comte de Manchester luy aura donné un spécimen de Horace, nouvellement imprimé à Cambridge, avec une lettre de la part du duc de Sommerset, chancelier de cette université : cet illustre protecteur des belles-lettres continuera de vous envoyer les specimina de tous les livres qui s'imprimeront à Cambridge. Je tâcheray de faire avancer cette amitié entre les sçavans des deux nations, parce que j'auray de là plus souvent l'occasion de vous dire que je suis, avec beaucoup de respect, Monsieur, votre très humble et très obéissant serviteur,

PRIOR.

Vous aurez la bonté de dire à mylord Manchester combien coûtent les types, et quand nous pourrons espérer de les avoir.

[Souscription :] Monsieur Clement.

Note des curateurs de l'imprimerie de Cambridge relative à cette demande.

Expetunt curatores rei typographicæ in academiâ Cantabrigiensi, ut Regis christianissimi benevolentiâ, typi græci, quorum duo exemplaria literis expressa, è Galliâ nuper accepta, mittimus, ad pondus quingentarum librarum utriusque generis fundantur, in usum Academiæ prædictæ, unà cum accentibus, ligaturis, punctis, atque omnibus distinctionum notis, quæ ad hujusce apparatûs complementum desiderari possunt, atque singulorum typorum longitudo (nempe totius corporis metallici à summo ad imum) iis respondeat, quorum specimen quadruplex huic chartæ inclusum habetur.

(Suit un spécimen des deux plus petits caractères.)

Deuxième note, plus explicative, des curateurs de l'imprimerie de Cambridge (1).

Messieurs les curateurs de la nouvelle imprimerie de Cambridge souhaitteroient d'établir une correspondance avec ceux de l'imprimerie royalle de la France.

Ils voudroient bien sçavoir pour quel prix ils pourroient avoir le poids de quatre cens livres de chaque espèce de ces lettres grecques, dont ils ont déjà des exemplaires, avec des points, accents, et toutes choses nécessaires pour rendre complets deux corps des lettres.

Ils reconnoîtront la faveur dans une préface des premiers livres qu'ils imprimeront, et ils en rendront les prix en livres, selon ce que M. Clément ordonnera là-dessus.

Ils n'ont pas le secret de cette encre luisante ; c'est entre les mains d'une société de qui l'université l'achète. Mais les curateurs feront en sorte que l'im-

(1) Même observation qu'à la note précédente.

primerie royalle de Paris sera pourveue de telle quantité de cette encre qu'elle voudra, aux mêmes conditions que l'achète l'université de Cambridge.

Voici maintenant la réponse de M. Clément à M. Prior, au sujet de cette demande :

Paris, ce 25 may 1700.

Monsieur,

Lorsque vous partistes d'icy la première fois, vous m'aviez fait entendre que M. Gale seroit chargé par M[rs] de l'université de Cambridge de ce qu'il faudroit faire pour les caractères grecs que ces messieurs désirent pour leur imprimerie. Comme il ne m'en a point parlé, j'ay différé d'agir jusques à ce que j'aye receu la lettre dont vous m'avez honoré, du 18 avril. M. l'abbé de Louvois en ayant receu en mesme temps une de M. le duc de Sommerset pour le mesme sujet, j'ay veu de sa part M. l'abbé Bignon, qui est chargé de la direction de l'imprimerie royale du Louvre, pour le porter à faciliter à M[rs] de l'université les moyens d'obtenir ce qu'ils demandent. M. l'abbé de Louvois l'a encore veu depuis, et l'en a sollicité fortement, comme il le marque dans la réponse qu'il fait à M. le duc de Sommerset; mais nous n'avons pu obtenir autre chose que ce qui est porté par le mémoire qui est joint à cette lettre. C'est la réponse que M. l'abbé Bignon m'a chargé de faire à Mrs de Cambridge, m'asseurant qu'il ne pourroit se relascher de cette première condition. Si ces messieurs en conviennent, il sera aisé de conduire le reste de la négociation à une bonne fin. Je m'y employeray en mon particulier avec beaucoup de plaisir, voyant que vous vous y intéressez comme élève de cette célèbre université, et vous me trouverez toujours disposé à vous faire connoistre que je suis, etc.

[*Mémoire*] *envoyé à M. Prior le* 25 *may* 1700.

M[rs] de l'université de Cambridge trouveront en France toutes les dispositions qu'ils peuvent souhaitter pour entretenir une bonne correspondance avec les personnes qui sont chargées par le Roy de la direction de l'imprimerie et de la Bibliothèque royale, afin de travailler de concert, et de se donner réciproquement les secours nécessaires pour l'avancement des lettres.

Et pour favoriser le dessein que Mrs de Cambridge ont formé de donner au public de belles éditions grecques, comme on en voit déjà de latines, on leur communiquera volontiers des fontes entières et complètes, en telle quantité qu'il sera nécessaire, des caractères grecs dont le roy a fait faire depuis peu les poinçons et les matrices (1); mais comme l'on n'a rien épargné pour les porter à la perfection, il est raisonnable que ceux à qui on en fera part s'obligent d'en marquer leur reconnaissance non-seulement dans une préface, mais aussy au titre de chaque ouvrage où ces caractères seront employez.

On désire donc, avant toutes choses, que Mrs de Cambridge promettent que, dans chacun des ouvrages qui s'imprimeront dans leur imprimerie avec les caractères grecs qu'ils auront tirés de France, ils fassent mettre au bas de la page

(1) Louis XIV avait fait faire les matrices, mais non pas les poinçons. Cette phrase prouve, au reste, qu'on ignorait que les poinçons en question fussent ceux de François Ier, car on n'aurait pas manqué de le rappeler si on l'avait su.

du titre, après ces mots : *typis academicis*, quelques autres mots qui marquent que ces caractères grecs ont été tirez de l'imprimerie royale de Paris, *caracteribus græcis è typographeio regio Parisiensi*. Aussi tost que l'on sera convenu de cette première condition, les autres n'arresteront point, et il sera aisé de fixer le prix de la quantité qu'on en voudra et la manière dont le payement en sera fait, puisque l'on souhaitte surtout que ce qui en proviendra serve à acheter les bons livres que l'on pourra tirer d'Angleterre pour enrichir la Bibliothèque du roy.

Si l'on en croit M. de Guignes, cette affaire échoua parce que M. l'abbé Bignon ne voulut pas se relâcher de la condition mentionnée dans la pièce précédente, et que l'amour-propre national des curateurs de l'imprimerie universitaire de Cambridge ne crut pas pouvoir l'accepter (1).

Nous avons vu que lorsqu'on retira les poinçons de la chambre des comptes, en 1683, on ignorait leur origine. Un fait plus extraordinaire, c'est que, quarante ans après, l'administration elle-même avait perdu de vue ce retrait, au point de redemander de nouveau à la chambre des comptes les poinçons grecs, dont l'existence lui avait sans doute été révélée plus tard par quelque document officiel. C'est ce que nous apprenons par une lettre de M. de Foncemagne, datée du 30 septembre 1727, et dont M. de Guignes avait vu l'original au dépôt de la Biliothèque royale. N'ayant pu retrouver cette pièce, non plus que celles qui s'y rapportaient, je transcrirai littéralement ce que

(1) Je n'ai pas pu parvenir à éclaircir cette affaire ; mais on trouve quelques renseignements sur M. Prior dans l'une des lettres que m'a écrites à ce sujet le principal bibliothécaire de l'université de Cambridge, auquel je m'étais adressé pour faire faire des recherches dans les archives de son institut.

« University library, Cambridge, 20th oct. 1855.

« Sir, as you give me the choice of language, I beg to continue our correspondance in my native english, which of course flaws more readily from my pen, though I am tolerably familiar with your language.

« Since I wrote a few days ago, I have searched with great care all the mss. documents and collections of letters to which I have access, in the hope of finding something relating to the curious negociation to which your letter refers, but I regret to say without success. I have further requested Mr Romilly, the registrary of this university, to examine his records of the university press, and I have just received his reply to the effect that the transaction in question is not alluded to in any document preserved in his office.

« I conclude you have seen the letter of Mr Prior from your mention of Whitehal (probably the palace of White Hall), which name does not occur in the printed history to which you refer me. I have no doubt this person was Matthew Prior, our celebrated comic poet, who was a great favourite at the french court, and particularly patronised by Louis XIV, on which account he was much employed as a diplomatist by the english government.

« I regret that our Cambridge archives fail to throw any light upon the subject of your inquiry, and I remain, sir, your's faithfully J. Power, principal librarian. »

Dans le commencement du troisième alinéa de sa lettre, M. Power semble faire allusion à un livre imprimé où se trouverait reproduite, sauf la rubrique de *Whitehal*, la lettre de M. Prior que j'ai copiée en effet sur l'original. Je n'ai pu me procurer ce livre.

dit sur cette affaire M. de Guignes lui-même. « M. de Foncemagne, dit-il, s'exprime en ces termes, qui sont positifs, mais contraires à tout ce que je viens de dire : « Celui des greffiers de la chambre des comptes que M. le « premier président avoit chargé de traiter avec M. Anisson pour la resti- « tution du dépôt des poinçons grecs que j'ai découverts à la chambre est « en campagne depuis quelque temps. Cette affaire n'est point finie, et ce « délai, que je n'avois pas prévu, a reculé la réponse que je dois à « M. Grandjean. » M. de Foncemagne, qui savoit que François Ier avoit déposé les poinçons grecs à la chambre des comptes, aura parlé de ce dépôt et en aura sollicité la restitution; on les aura cherchés, parce qu'on a pu avoir oublié alors ce qui s'étoit passé quarante ans auparavant. Je n'ai trouvé, sur cette demande de M. de Foncemagne, que cette simple lettre; il y auroit eu alors des lettres patentes et diverses formalités dont je ne découvre aucune trace » (1).

N'est-il pas surprenant, en vérité, que des savants comme Foncemagne, qui avaient tous les jours sous les yeux les livres imprimés à l'imprimerie royale, n'aient pas reconnu dans ses caractères les types grecs de François Ier. L'insuccès bien naturel de la démarche de M. de Foncemagne ne fit pourtant que donner plus de consistance à l'opinion déjà répandue de la perte des types royaux. Cette opinion devint à peu près générale dans le XVIIIe siècle. En 1768, Fournier le jeune, habile fondeur et graveur de Paris, auteur de plusieurs ouvrages sur l'origine de l'imprimerie, déplore vivement cette perte dans son *Manuel* (t. II, p. XXII). Pierre Didot exprimait le même regret en 1786 (2). Il est vrai que pendant tout le XVIIIe siècle l'imprimerie royale n'eut que fort peu d'occasions de se servir de ses types grecs (3). Depuis la publication de la Byzantine, ils dormaient dans les casses, lorsque, peu de temps avant la Révolution, le roi Louis XVI ordonna la publication du grand recueil intitulé : *Notices et extraits des manuscrits de la Bibliothèque du roi*. La nécessité de se procurer pour cette publication des caractères orientaux fit faire des recherches à l'imprimerie royale, et on y retrouva, non-seulement les poinçons et matrices des types royaux, mais encore ceux des caractères arabes, persans, etc., provenant de Savary de

(1) *Essai historique*, etc., p. XCV.

(2) *Essai de fables nouvelles*... suivies de poésies diverses et d'une épître sur les progrès de l'imprimerie, par Didot fils aîné (Paris 1786, in-18), p. 105 :

Et ses beaux types grecs ne se retrouvent plus.

(3) Je vois dans un Mémoire remis au roi par le directeur Anisson, en 1789, et qui se trouve aux Archives générales de France, qu'en « 1731 le roi Louis XV fit exécuter à chacun des anciens corps grecs plusieurs suites de grandes lettres et capitales qui y manquoient. » Mais c'est tout ce que j'ai pu recueillir d'historique sur ces types célèbres durant tout le XVIIIe siècle.

Brèves, et qu'on croyait perdus également. *Il n'y en avoit point même de fondus à l'imprimerie royale*, dit M. de Guignes, chargé de cette recherche. Ce savant a publié en tête du premier volume des *Notices et extraits*, imprimé en 1787, un *Essai historique sur l'origine des caractères orientaux de l'imprimerie royale*, Essai où j'ai trouvé beaucoup de renseignements pour le travail qui précède.

A partir de ce moment, les types de François Ier furent remis en honneur; malheureusement les temps n'étaient pas propices : la tourmente révolutionnaire força bientôt de les laisser reposer. En 1794, ces types furent réunis, avec l'imprimerie du Louvre, à l'imprimerie de la République, installée alors à l'hôtel Penthièvre, qu'occupe aujourd'hui la Banque de France.

Le 8 pluviôse an III (27 janvier 1795), un décret de la Convention chargeait cet établissement, réorganisé, de l'impression : 1° des lois, etc....; 5° des éditions originales d'ouvrages d'instruction publique adoptés par la Convention ; 6° et de tous les ouvrages de sciences et d'arts qui seraient imprimés par ordre de la Convention et aux frais de la République.

En 1809, l'imprimerie de la République, devenue *imprimerie impériale*, fut installée au palais Cardinal, au Marais, qu'elle occupe encore, en dépit des révolutions qui se sont succédé depuis, et les types grecs du roi l'y ont suivie et s'y trouvent aussi. Mais malheureusement les types de François Ier ont été remplacés pour l'usage habituel, dans cet établissement, par des caractères grecs d'une forme nouvelle, dont l'érudition n'a peut-être pas à se louer.

On reprochait aux anciens caractères leurs ligatures innombrables, dont l'usage était tout à fait tombé en désuétude. Certes, ce n'est pas moi qui défendrai ces signes hiéroglyphiques, dont on comprend l'usage dans les manuscrits, pour économiser la place et le temps, mais devenus inutiles depuis l'invention de l'imprimerie. Seulement, je ferai remarquer qu'il était bien facile d'obvier à cet inconvénient : il suffisait de laisser les ligatures dans les casses, et de ne les employer que dans le cas où la reproduction de certains manuscrits les aurait rendus nécessaires.

M. Renouard (1) reproche aussi à ces caractères un certain défaut d'*approche* (pour me servir d'un terme technique très expressif) ; mais il fait remarquer que ce défaut n'existait pas dans les anciennes fontes, et que le Nouveau Testament de 1546 et de 1549 offrait une exécution parfaite.

En effet, les défauts qu'on signale dans ces caractères proviennent uniquement de ce qu'on en a changé toute l'économie au XIXe siècle. Le *cicéro*,

(1) *Ann. des Est.*, 3e édit., p. 306.

fondu d'abord concurremment sur deux corps, *onze points* et *neuf points*, comme on le voit dans le *Spécimen des caractères de l'imprimerie royale* de 1819, n'est plus fondu aujourd'hui que sur le corps *neuf points*, ou *petit-romain;* le *gros-parangon* n'est également fondu depuis longtemps que sur corps *vingt points*, ou *petit-parangon;* le *gros-romain* est encore fondu sur *seize points*, parce que la hauteur des majuscules exige ce corps; mais on le fond aussi sur *treize points*, en se servant des poinçons du *saint-augustin* gravés par Grandjean, comme on le voit sur le spécimen déjà cité, où ce caractère est tout entier attribué à Garamond, à qui il n'appartient qu'en partie. En somme, avec les trois caractères de ce dernier, on en a fait quatre, dont trois ne répondent plus aux dénominations primitives. C'est sans doute ce qui a induit en erreur M. Duprat, lequel dit, dans son *Précis historique sur l'imprimerie nationale* (p. 23), que l'inventaire du 29 janvier 1691 ne mentionne que deux des trois caractères de Garamond. Nous avons vu qu'ils y étaient mentionnés tous trois sous leurs anciens noms de gros-parangon, gros-romain et cicéro. Je n'ai pas besoin d'insister pour faire comprendre combien le changement de *corps* a dû nuire à la précision de ces caractères.

CONCLUSION.

Les détails dans lesquels je viens d'entrer, en faisant disparaître en grande partie l'obscurité dont l'affaire des types grecs était entourée, me dispenseront de longs développements pour justifier Robert Estienne du reproche que lui ont fait Genebrard (1) et autres d'avoir ravi à la France les caractères gravés par ordre de François Ier. On a vu que notre célèbre typographe, à qui seul revient l'honneur d'avoir fait graver ces caractères, et qui, le premier, les a employés, n'avait rien ravi du tout, et que les poinçons et les matrices du roi continuèrent à rester à Paris après la retraite de Robert Estienne à Genève. D'un autre côté, je n'ai pas besoin non plus de nier, avec Maittaire et Almeloveen, que l'imprimeur du Nouveau Testament de 1546 ait emporté des caractères grecs à Genève, ni de soutenir, avec M. Renouard, qu'il avait eu le droit de le faire, pour se payer des frais de gravure que le roi avait laissés à sa charge (2). Toutes ces hypothèses tombent devant les faits. Il est certain que Robert Estienne a emporté à Genève des matrices de caractères grecs, et il n'est pas moins certain que le roi avait payé les frais de gravure des poinçons de ces caractères. J'ai publié des documents qui ne laissent aucun doute à cet égard.

La question se réduit simplement à ceci : Robert Estienne eut-il le droit de faire faire à ses frais un double des matrices des types royaux ? Quant à moi, je ne doute pas qu'il n'en ait obtenu l'autorisation de François Ier ; car cela devait entrer dans les vues du prince, qui avait fait graver ces caractères précisément pour vulgariser l'usage du grec en France, si bien qu'ils furent, dès le début, mis libéralement à la disposition de tous les impri-

(1) *Chronographia sacra*, etc., Paris, 1580, in-fol. (p. 445).

(2) Renouard, *Ann. des Est.*, 3e édit., p. 330, 331.

meurs de Paris, à la seule condition de rappeler que leurs livres étaient imprimés avec les types du roi (*typis regiis*). Le malheur seul des temps put faire tourner le fait au détriment de la France. Mais qui donc eût pu prévoir que Robert Estienne serait forcé de fuir à Genève, lorsqu'il était protégé ouvertement par François Ier, qui ne craignait pas de venir le visiter dans son imprimerie? La preuve qu'il ne fut pas coupable en cela, c'est précisément qu'il continua ouvertement à se servir des types grecs à Genève, sans que personne, de son vivant, ait élevé la voix contre lui. Bien plus, lorsque le roi Louis XIII eut fait racheter à Genève les matrices de Robert Estienne, ce fut encore à un Estienne (Antoine, arrière-petit-fils de Robert) qu'il en confia la garde. Est-ce ainsi qu'on en aurait agi à l'égard de gens à qui on aurait eu un dol à reprocher ?

On pourra demander alors pourquoi le gouvernement français mit tant d'insistance, au XVIIe siècle, pour ravoir les matrices incomplètes de Genève, ayant le moyen de s'en procurer de nouvelles à l'aide des poinçons conservés à la chambre des comptes ? A cela je réponds qu'on ignorait alors l'existence de ces poinçons, et que, l'eût-on connue, il n'eût pas été surprenant que des *ministres* en ignorassent l'usage. D'ailleurs on vit dans cette affaire une question nationale, et on la poursuivit comme telle, sans entrer dans le fond des choses. Ce qu'on voulait, et ce qu'on obtint, au prix d'une somme assez minime, c'était de conserver à la France seule l'usage d'un caractère éminemment français, s'il est permis de s'exprimer ainsi en parlant des types grecs de François Ier. Sous ce rapport, la négociation dont j'ai rapporté les phases diverses eut un résultat très heureux, et il n'y a pas lieu de regretter la méprise du gouvernement, si méprise il y eut.

APPENDICE.

Je n'ai pas cru pouvoir me dispenser de joindre à cette histoire des types grecs gravés par ordre de François Ier un spécimen (1) de ces caractères, qui sont encore aujourd'hui désignés à l'imprimerie impériale sous le nom de *grecs du roi*, et M. le Directeur de cet établissement a bien voulu autoriser la demande que je lui ai adressée à ce sujet. Pour faire bien connaître l'économie générale de ces caractères, je donne ici non pas une page de texte, qui n'aurait placé sous les yeux du lecteur que les lettres les plus usuelles, mais la nomenclature complète de l'alphabet majuscule et minuscule, et des accents, esprits, etc., qui, toujours distincts, ne sont introduits dans la composition qu'à l'aide des lettres *crénées*. C'est là une des particularités des types royaux. Une autre particularité de ces caractères, c'est le grand nombre de *ligatures* qu'ils ont. Je n'ai pas pensé qu'il fût utile de donner tous ces signes (dont quelques-uns ne sont que la reproduction de certaines lettres de l'alphabet fondues par groupe); mais on trouvera ici les principaux.

A la suite de ce spécimen, j'ai cru devoir placer quelques notes relatives à certains points obscurs de la vie des Estienne, et enfin un travail historique sur les premières impressions grecques exécutées en Europe, et particulièrement à Paris, travail qui m'a paru se lier parfaitement avec celui-ci, auquel il avait même primitivement été destiné à servir d'introduction. On trouvera dans cette portion de l'Appendice des détails très intéressants sur les premiers caractères grecs d'imprimerie, et entre autres sur celui de Gilles de Gourmont, le premier typographe parisien qui ait publié des livres grecs.

(1) On en trouve le spécimen complet dans l'alphabet de 1550, que j'ai mentionné page 26. Robert Estienne a donné dans ce petit livre tous les signes grecs gravés par Garamond.

SPÉCIMEN DES TYPES GRECS DU ROI.

Le n° I, fondu jadis sur le corps *cicéro*, mais actuellement sur le corps *neuf points* ou petit-romain, est celui dont Robert Estienne s'est servi dans son Nouveau Testament in-16 de 1546.

Le n° II appartient plutôt à Grandjean qu'à Garamond (voyez ce que j'ai dit plus haut, page 40), mais comme beaucoup de lettres sont les mêmes que celles qu'on trouve au n° III, j'ai cru devoir le conserver dans ma nomenclature. Il est fondu sur *treize points*, autrement dit sur corps *saint-augustin*. Pour augmenter le nombre de ses poinçons, qui est fort restreint, on lui a donné des *petites capitales*, qui ne sont pas autre chose que les *grandes capitales* du n° I.

Le n° III, connu jadis sous le nom de *gros-romain*, est encore fondu sur le corps *gros-romain* ou *seize points*. C'est le premier caractère grec du roi qui ait été gravé; Robert Estienne s'en est servi pour imprimer l'Eusèbe de 1544.

Le n° IV, connu jadis sous le nom de *gros-parangon*, n'est plus fondu que sur le corps *vingt points* ou *petit-parangon*. C'est le dernier caractère gravé; aussi est-il le plus complet. Robert Estienne s'en est servi pour la première fois dans son Nouveau Testament in-folio de 1550.

I.

Α Β Γ Δ Ε Ζ Η Θ Ι Κ Λ Μ Ν Ξ Ο Π Ρ Σ Τ Υ Φ Χ Ψ Ω

α β ϐ γ ɣ [illegible] δ [illegible] ε ζ ζ η θ ϑ θ ι κ λ μ ν ξ ο ϖ π ρ ϱ σ ς [illegible] τ [illegible] υ
φ χ ψ ω [illegible]

[illegible]

[illegible]
[illegible]
[illegible]
[illegible]
[illegible]
[illegible]
[illegible]

II.

Α Β Γ Δ Ε Ζ Η Θ Ι Κ Λ Μ Ν Ξ Ο Π Ρ Σ Τ
Υ Φ Χ Ψ Ω

Α Β Γ Δ Ε Ζ Η Θ Ι Κ Λ Μ Ν Ξ Ο Π Ρ Σ Τ Υ Φ Χ Ψ Ω

α β ϐ γ Γ δ ∂ ε ζ ζ η ϑ θ ι κ λ μ ν ξ ο ϖ π ρ ϱ
σ ς τ Ͳ υ φ χ ψ ω

´ ` ~ ¨ ͅ ᾿ ῾ ῎ ῍ ῞ ῝ ῏ ῟ ΐ ΰ

αι γα δα εκ εν κα κη ου πα ερ ει ευ.

III.

Α Β Γ Δ Ε Ζ Η Θ Ι Κ Λ Μ Ν Ξ Ο Π Ρ Σ Τ Υ
Φ Χ Ψ Ω

α β ϐ γ Γ Γ δ ∂ ε ζ ζ η ϑ θ ι κ λ μ ν ξ ο ϖ π ρ
σ ς Ϛ τ Ͳ υ φ χ ψ ω

´ ` ~ ¨ ͅ ᾿ ῾ ῎ ῍ ῞ ῝ ΐ ΰ

αι γη γην αν δν αξ αρ αυτου αυτου αυτω γαι γδ γλ γου γην
δλ δι δλξ δ ει εκ εν εξ θεο θεφ ε κατ κεν μετ μην μ
μου μετ μην οι ουν ουτος πλ πι πον ποι ποσις πεφ
ευ ς ς στ σς σου σ σχ σιν σας σθ τ το τει την ς
την τς τ τ τ τ το το τω τω χλ χρ χθην χρει ψο
ψε ψω ψλ ων ου

IV.

Α Β Γ Δ Ε Ζ Η Θ Ι Κ Λ Μ Ν Ξ Ο Π

Ρ Σ Τ Υ Φ Χ Ψ Ω

α β ϐ γ ϒ Γ δ δ ε ζ ζ η ϑ θ ι κ λ μ ν ξ ο ϖ

π ρ ρ σ ς Ϛ τ ϒ υ φ χ ψ ω

ʹ ̀ ῀ ¨ ᾿ ῾ ῎ ῍ ῞ ῝ ῏ ῟ ΅ ῭

ι

αι αν αυ ἀπὸ αρ ας αὐτῷ γα γυ γὰρ γῆ γὴν

δαι δε δη δεω ει ε ἐπὶ ῃ ς ἐπὶ θα θαι θαυ

θεο θεω θυκαι καὶ κα κας κατὰ καυ κε κι λλ

μαι μη μυ μεθ μὴ μὴν μὲν οἷς ς

ον παρ παρὰ παυ περὶ πλ πὶ πω περὶ

σαι σαν σας σβ ση σθ σθα σθαι σθε σθεω σκ

σμ σο σπ σπαι σπαν σπλ ς στ σῦ σφ χα

χεω χη χω τα ται τω τεω τὰ τε τὸ τὸ

τοὺς τῆς τει ξ τὴν τῶ τῷ ὑπὸ υν χαρ χας χι

χει χεω χθεω χθω ψα ψαι ψαν ψαυ ψι

ψη

OBSERVATIONS

SUR QUELQUES POINTS OBSCURS DE LA VIE DES ESTIENNE.

I.

M. Renouard (p. 172 et 480) attribue à Mamert Patisson, époux de la veuve de *Robert Estienne*, les impressions faites au nom de ce dernier typographe, de 1575 à 1588; mais Patisson imprimait en son nom propre au moins depuis 1574. M. Renouard dit : « Il aura travaillé plusieurs années tantôt pour son compte personnel, *apud Patissonium*, tantôt pour le compte indivis de Robert III et Henri III, fils mineurs de Robert II, et héritiers de son symbole, *oliva Roberti Stephani.* » Cette explication me semble d'autant moins admissible qu'en épousant Patisson, la veuve de Robert II dut perdre la tutelle de ses fils. Il me paraît plus naturel de penser que l'imprimerie de Robert II fut gérée au nom de Robert III, et que Patisson en eut une en propre, ou même imprima en son nom dans l'atelier de Robert III, à certaines conditions, en sa qualité de beau-père du mineur.

A la vérité, M. Renouard dit que Robert III demeurait près de Chartres (p. 481); mais c'est parce qu'il n'a pas bien compris le passage de la Croix du Maine, qu'il cite à ce sujet. Celui-ci dit positivement que Robert demeurait à Paris. « Il florist à Paris cette année 1584, et feit sa demeure *ordinaire* chez M. des Portes, abbé de Tyron et de Josaphat près de Chartres... » C'était l'abbaye de Tyron qui était près de Chartres, et non pas le domicile de des Portes. Robert III, auteur dès 1577 (Renouard, p. 482), pouvait bien être alors titulaire d'une imprimerie.

II.

M. Renouard (p. 210) cite, d'après le catalogue de la bibliothèque de Letellier, une édition des Œuvres du cardinal du Perron, in-f°, imprimée par Antoine Estienne en 1605; mais il ajoute : « Je crois, avec Maittaire, qu'il y a erreur dans la date de cette édition. Il ne la mentionne que sur la foi de *Bibl. Telleriana*, et plusieurs ouvrages qu'elle contient n'existaient pas encore en 1605. Dans tous les cas, cette édition ne pourrait être d'Antoine, qui n'avait alors que treize ans. » Cette dernière observation semble prouver que M. Renouard n'a pas vu le volume en question; or, s'il ne l'a pas vu, comment peut-il dire que ce volume renfermait des ouvrages qui n'existaient pas en 1605? Je lis dans les procès-verbaux du clergé de France, conservés en manuscrit à la Bibliothèque nationale, un passage curieux, qui semble confirmer l'indication du catalogue Letellier. Voici ce passage, inscrit sous la date du lundi 1er juillet 1619 : « Le sieur promoteur auroit dit que l'imprimeur Morel, ayant reçu deux mille écus pour l'impression des Pères grecs, il auroit commencé par le premier et le second volume de saint Jean Chrisostôme, et que, pour certaines considérations, n'ayant pu continuer l'impression des autres volumes, il vouloit rendre les deux mille écus prestés... laquelle impression l'assemblée générale de 1606 auroit voulu être continuée par l'imprimeur Estienne, par l'avis de feu M. le cardinal du Perron, lequel Estienne a imprimé le troisième, le quatrième et le cinquième... » C'est en effet Antoine Estienne qui a continué le livre : il était donc imprimeur en 1606. Peu importe son âge. Paul Estienne, son père, exilé dès 1605 de Genève, où il ne rentra qu'en 1620, grâce à la lettre du roi Louis XIII que j'ai donnée précédemment, put bien monter une imprimerie à Paris au nom de son fils. Le nom d'*Estienne* était tout alors pour un établissement typographique; il suffisait qu'il parût n'importe comment pour attirer la clientèle à cet atelier, tant ce nom exerçait alors de prestige.

III.

La Caille (p. 124) dit que Martin le Jeune « eut l'imprimerie de Robert Estienne, lorsqu'il se retira à Genève. » M. Renouard (p. 352) conteste cette assertion : « Si le fait est vrai, ce ne peut être, comme déjà je l'ai dit p. 324, que pour une partie de l'établissement délaissé, pour ce qui concernait la langue hébraïque; car les impressions de Charles, même dès les premières en langue grecque, de 1551, sortent évidemment d'une officine toute montée, et on ne peut y méconnaître celle qui, jusqu'à cette même année 1551, fonctionnait au nom et par les soins de Robert. » L'observation de M. Renouard ne me semble pas fondée : si on vendit une partie de l'atelier de Robert, pourquoi n'aurait-on pas tout vendu? Il est bien probable, au contraire, qu'on vendit toute l'imprimerie ou du moins ce qui en restait, car Robert Estienne avait emporté à Genève tout ce qui était d'un transport facile, n'ayant alors aucune arrière-pensée de retour ou même d'établissement pour l'un de ses fils à Paris. On ne garda que la librairie, composée en partie de livres prohibés à Genève, et qui d'ailleurs n'exigeait pas les mêmes soins, mais qui n'en fut pas moins elle-même saisie, puis restituée aux enfants de

Robert. Quant à la similitude des éditions grecques de Charles avec celles de Robert Ier, elle s'explique tout naturellement par cette circonstance que Charles se servit comme Robert de caractères fondus dans les matrices royales, dont il avait encore la garde quatre ans après la retraite de celui-ci à Genève. En tous cas, il me semble certain qu'à partir de la retraite de Robert Ier l'imprimerie des Estienne n'eut plus de local fixe. Un fait assez curieux, c'est qu'on trouve vers ce temps-là un libraire qui avait sa boutique au Clos-Bruneau (*in clauso Brunello*), à l'*enseigne de l'Olivier* (*sub signo Olivæ*) : c'est Thomas Brumen (*Brumennius*); son olivier diffère, il est vrai, de celui de Robert (voyez-en la reproduction dans les *Marques typographiques* de M. Silvestre, nº 276); mais peut-être la vente de l'imprimerie de Robert Ier et l'abandon du Clos-Bruneau par les Estienne ne fut-elle pas étrangère à l'adoption de l'enseigne de l'olivier par Brumen dans ce lieu même.

IV.

M. Renouard cite (pag. 334) un moine feuillant (Pierre de Saint-Romuald), qui, croyant rendre plus odieux le prétendu vol des caractères royaux par Robert Estienne, dit que ces caractères étaient en *argent*. Je n'ai pas relevé cette assertion dans mon travail, parce que mon récit même la démentait; toutefois, comme d'autres écrivains ont parlé de prétendus caractères d'argent qu'aurait fait graver tel ou tel prince, je dois dire que ce métal offrirait à la fonte beaucoup plus de difficultés que celui dont on se sert, sans présenter aucun avantage. Ce qui a donné lieu à cette fable, c'est sans doute l'éclat qu'ont les caractères nouvellement fondus, et qui les fait ressembler à de l'argent, au grand préjudice des yeux des compositeurs. Il serait bien à souhaiter qu'on prît la précaution de le faire disparaître avant de mettre les caractères neufs dans les casses. Il me semble qu'on pourrait facilement parer à cet inconvénient,

V.

M. Renouard (p. 479) dit que le titre d'imprimeur du roi amena à Robert II une multitude d'édits et ordonnances. Des lettres patentes de Charles IX, datées du 8 octobre 1561, lui conférèrent en effet le privilége de ces impressions pour trois mois. Voici un extrait de ces lettres, qui ont été inconnues à M. Renouard, et qui se trouvent aux Archives générales de France, vol. Y. 11, fol. 244.

« Charles, etc., à nos amez et feaulx les gens de noz cours de parlemens, prevost de Paris, baillifs de Rouen, Berry, Orleans, Blois, Dijon, seneschaulx de Lyon, Thoulouse, Bourdeaulx, Poictou, Anjou, et autres noz baillifs et seneschaulx ou leurs lieutenans, salut et delection. Ayant cy devant esleu Robert Estienne, imprimeur en nostre université de Paris, nostre imprimeur ordinaire en langues hebree, chaldee, grecque, latine et françoise, nous luy aurions ordonné imprimer bien et correctement et en bonne et belle lettre toutes ordonnances, edicts et lettres patentes qu'il seroit requis d'imprimer, ce que ledit Estienne delibera accomplir, et pour ce feit grands fraits et despenses, et voulant imprimer les ordonnances et edicts par nous faicts, il a trouvé qu'aucuns imprimeurs et libraires, par importunité, deguisement ou autrement, auroient obtenu de nous et de vous respectivement plusieurs congez et permission d'imprimer ces dites ordonnances et edicts; en vertu d'icelles ont imprimé et impriment journellement lesdicts edicts et ordonnances, privans Estienne, notre imprimeur, de ses fraits, et entreprenans sur son estat de nostre imprimeur; nous suppliant, etc.; nous, par l'advis de nostre conseil, avons déclaré... que audict Robert Estienne... ayt esté... loisible... imprimer toutes ordonnances... sans que aultres libraires et imprimeurs les puissent imprimer ou faire imprimer, durant le temps et terme de trois mois... Si vous mandons... Donné à Sainct-Germain en Laye, le huictiesme jour d'octobre... 1561. »

Le 17 février 1561 (1562 nouv. style), Robert Estienne obtint de nouvelles lettres patentes pour ce fait; mais cela ne l'empêchait pas d'être frustré dans son droit; car le 17 janvier 1563 (1564 nouv. style), le roi est encore obligé de donner de nouvelles lettres patentes. On apprend par ce dernier acte que les greffiers et leurs clercs, au lieu de remettre les copies des édits et ordonnances à Robert Estienne, les remettaient à d'autres imprimeurs, qui les publiaient avant lui. Ordre de remettre ces copies à Robert Estienne « et non à aultres. » (Même registre, fol. 245.)

Vers la fin du XVIIe siècle, l'imprimeur royal de Paris fut dépouillé de ce privilége, qui fut attribué à l'Imprimerie royale. Celle-ci fut chargée de la première publication des lois, et les imprima à 2,000 exemplaires, servant de type pour les réimpressions qui avaient lieu immédiatement dans chaque province séparément. Cet état de choses subsista jusqu'à la création du Bulletin des Lois, en 1794.

Paris. — Imprimerie de Ch. Meyrueis et Ce, rue Saint-Benoît, 7. — 1856.

NOTICE HISTORIQUE

SUR LES PREMIÈRES IMPRESSIONS GRECQUES EXÉCUTÉES EN EUROPE ET PARTICULIÈREMENT A PARIS.

Le concile général tenu à Vienne en Dauphiné, en 1311-12, rendit, au nom de Clément V, dans la vue de rétablir les bonnes études en Europe, et sur les instances de Raimond Lulli, une constitution qui ordonnait d'instituer à Rome, à Paris, et dans quelques autres Universités, des professeurs d'hébreu, d'arabe, de grec et de chaldéen (syriac) (1). Mais ce fut une lettre morte pendant plus d'un siècle, c'est-à-dire jusqu'à la chute de l'empire grec. Ce fatal événement, qui coïncide avec la découverte de l'imprimerie (Constantinople fut pris par les Turcs en 1453), fit plus pour la restauration des lettres grecques en Europe que toutes les prescriptions officielles, en faisant refluer en Italie un grand nombre de savants hellènes qui fuyaient la barbarie musulmane.

L'Italie ne fut pas la seule à profiter des malheurs de la Grèce. Les proscrits de ce pays se répandirent bientôt sur le reste de l'Europe. En France particulièrement on vit successivement arriver George Hermonyme (plus connu sous le nom d'Hermonyme de Sparte), Tranquillus Andronicus, Dalmata et Janus Lascaris. Si l'on en croit Naudé, ils auraient été précédés, dès 1458, par Lucius Gregorius Tiphernas (2), élève d'Emmanuel Chrysoloras. Naudé raconte que Tiphernas se présenta un jour devant le recteur de l'Université de Paris, offrant ses services pour l'enseignement du grec, et demandant un traitement convenable, en vertu de la décision du concile de Vienne (3). La prétention de cet étranger excita une véritable surprise ; toutefois on accéda à sa demande, mais Tiphernas resta peu de temps à Paris : il n'en partit cependant qu'après avoir formé quelques élèves, au nombre desquels il faut citer Robert Gaguin, le bibliothécaire du roi Louis XI, et Jean Heynlin, autrement dit Jean de Stein ou de la

(1) Du Boulay, *Hist. paris. univers.*, t. V, p. 141.

(2) Tiphernas n'était pas Grec, comme le croit Naudé, car il était né en Italie. D'après Melanchthon, Tiphernas ne vint à Paris qu'en 1472. Voyez le discours de Melanchthon sur l'étude des langues, publié en 1533, et où il dit que Tiphernas était venu à Paris soixante ans auparavant. On a la preuve que ce dernier était en Italie en 1471. C'est donc avant ou après cette date qu'il fit son voyage en France.

(3) *Addition à l'histoire de Louis XI*, chap. VI.

Pierre, l'un des fondateurs de l'imprimerie de Paris (1), qui furent l'un et l'autre les maîtres du célèbre Reuchlin (2). Quant à Hermonyme de Sparte, il fut quelque temps professeur de Guillaume Budé, destiné à devenir le *restaurateur des lettres grecques en France* ; car, jusqu'à ce dernier, la connaissance du grec dans ce pays ne fut le partage que d'un fort petit nombre de personnes.

Cette circonstance explique pourquoi, durant tout le quinzième siècle, l'imprimerie ne produisit à Paris que des ouvrages latins ou français. On y imprima bien quelques auteurs grecs, mais non pas dans leur langue originale. Faute de caractères grecs, on n'en donna que des traductions latines, généralement admises dans les écoles au moyen âge. Déjà plusieurs imprimeries étrangères étaient pourvues de types grecs, plus ou moins imparfaits, mais suffisants pour pouvoir reproduire les chefs-d'œuvre sauvés du dernier naufrage de la civilisation antique, que la France n'avait encore rien produit en ce genre. Grâce aux érudits nés sur son sol, elle entra enfin dans la carrière, et bientôt dépassa toutes ses rivales.

Mais procédons par ordre.

Le premier grec imprimé parut dans la première édition des *Offices* de Cicéron, publiée à Mayence en 1465, par Fust et Schoiffer. Il n'y en a, il est vrai, que quelques mots, pour lesquels on se servit même des lettres latines qui ont du rapport avec le grec, tel que l'*a*, par exemple, qui y tient lieu de l'*alpha*. Aussi le nombre des poinçons (3) de ce grec, qui n'a ni accents, ni ligatures, ni capitales, dut-il être fort peu considérable.

La même année, les imprimeurs établis au monastère de Soubiaco, près de Rome, firent un pas de plus : ils publièrent un Lactance où parurent des passages entiers en grec. L'ouvrage, achevé en octobre, fut probablement commencé avant qu'on eût ces caractères, car, de même que cela se pratiquait souvent dans les manuscrits à cette époque, par suite de l'ignorance des scribes (4), on a laissé le grec en blanc dans les premières feuilles du livre. Ce n'est qu'au quart environ du volume qu'on fit usage du grec, encore pas constamment, ce qui semble prouver qu'il n'y en avait pas une fonte bien considérable. En effet, on rencontre encore bien des passages en blanc dans le reste du volume. Comme le grec de Schoiffer, celui des impri-

(1) Voyez mon livre sur l'Origine de l'Imprimerie, t. II, p. 296 et suivantes.

(2) *Ibid.*, t. II, p. 325. Voyez aussi en tête du *Rudimenta hebraïca*, de Reuchlin, une lettre de celui-ci adressée à Jacques Lefebvre d'Etaples, où il déclare que Hermonyme n'était pas *linguæ græcæ ignarus*.

(3) Sur la foi de Maittaire, j'ai dit, dans mon livre sur l'Origine de l'Imprimerie, que le grec de Schoiffer était gravé, non fondu ; c'est une erreur. Ce grec est fondu comme les caractères latins du même imprimeur.

(4) Cette ignorance était proverbiale. Tout le monde connaît ce dicton qu'on leur attribue : « *Græcum est, non legitur,* » ou « *transeat, græcum est.* »

meurs de Soubiaco est sans accents et sans ligatures, mais il a des capitales.

En 1468, les mêmes imprimeurs donnèrent à Rome une seconde édition du Lactance où on voit paraître un grec un peu moins grossier, mais toujours sans ligatures et sans accents. Cette fois, il n'y a point de lacunes dans le livre, ce qui prouve qu'on s'était pourvu d'avance d'une fonte suffisante. Ce grec servit dans l'Aulu-Gelle et dans l'Apulée donnés par les mêmes imprimeurs en 1469, etc.

En 1470, Jean Philippe de Lignamine imprima à Rome un Suétone qui renferme également des passages entiers en grec.

En 1474, Antoine Zarot publia à Milan les *Offices* et les *Paradoxes* de Cicéron, où on voit figurer quelques mots grecs; mais ce caractère est si informe qu'on peut à peine le lire.

Enfin, en 1476, Denis Paravisinus imprima, dans la même ville, la Grammaire grecque de Constantin Lascaris, en un volume in-4°. Ce volume fut achevé le 30 janvier, ce qui permet de faire remonter à 1475 l'établissement de l'imprimerie grecque à Milan. L'éditeur du livre de Lascaris fut un de ses compatriotes, réfugié comme lui en Italie, Demetrius de Crète.

Le caractère qui servit à faire cette impression est déjà fort remarquable ; il a les accents et quelques ligatures, mais les majuscules ont une forme gothique très-disgracieuse, et qui jure avec le cursif. C'est ce caractère qui servit pour la fameuse édition d'Homère, publiée à Florence en 1488 (1), par le même Demetrius, ce qui semble prouver qu'il appartenait à ce dernier, qui l'aurait fait graver à ses frais, et l'emporta avec lui en quittant Milan.

Divers autres typographes italiens se mirent à imprimer des ouvrages grecs avec des caractères du même genre. Je citerai, entre autres, de Milan, une deuxième édition de la Grammaire de Lascaris, faite en 1480, avec un grec un peu plus fort (2), mais de même forme, plus un psautier grec-latin en 1481, et un Isocrate de 1493; de Venise, un psautier tout grec (3), et la *Batrachomyomachie*, en 1486; de Vicence, une nouvelle édition de la Grammaire de Lascaris, en 1488. Mais, comme je l'ai dit, tous ces caractères conservaient encore quelque trace de gothique. Il était réservé à un autre Hellène de mettre la dernière main aux caractères grecs.

En 1494, Janus Lascaris, réfugié à la cour des Médicis, fit impri-

(1) L'Homère et la Grammaire de Lascaris se trouvent à la Bibliothèque nationale.

(2) Bibl. nat. — Maittaire croit à tort, à cause de la ressemblance des caractères de ce livre avec ceux de la Grammaire grecque de 1476, qu'il a été imprimé par Paravisinus. Nous venons de voir que Demetrius de Crète avait emporté à Florence les caractères qui avaient servi à imprimer la Grammaire à Milan, et avec lesquels il imprima dans la première de ces villes, en 1488, une édition d'Homère.

(3) Ce livre est à la Bibl. nat. Il est imprimé en rouge et en noir avec un caractère d'une forme très-singulière.

mer à Florence plusieurs volumes in-4° (1) en caractères grecs d'une forme très-remarquable. Le premier de ces volumes, le plus gros et le seul daté (11 août 1494), est une *Anthologie grecque*, à la fin de laquelle on trouve une lettre latine de l'éditeur à Pierre de Médicis (2) ; lettre dans laquelle Janus informe son Mécène du soin qu'il a pris de chercher sur les médailles et les monuments de l'antiquité les plus belles formes des lettres grecques, des majuscules s'entend, car, grec et latin, tout ce livre est imprimé en grandes et en petites capitales ; il n'y a point de lettres cursives ; par conséquent, il n'y a point non plus de ligatures ; mais il y a des accents. La forme de ces capitales est à peu de chose près celle qui est adoptée aujourd'hui. Cette pièce se termine par la souscription suivante : « IMPRESSVM FLORENTIAE PER LAVRENTIVM FRANCISCI DE ALOPA VENETVM, III IDVS AVGVSTI, M.CCCC. LXXXXIIII (3). »

Suivant La Caille (4), ces caractères auraient été gravés par un Français, Robert Granjon, libraire de Paris, « qui, quelques années « après, alla à Rome aux dépens du pape et à ses gages pour y frap« per et y fondre. Il s'y perfectionna, ajoute cet auteur, et revint à « Paris, où il les remit en leur dernière perfection, comme nous les « voyons aujourd'hui (1689). »

Cette phrase obscure ne nous apprend pas si ce sont les caractères grecs ou les caractères romains que Granjon remit « en leur perfec« tion. » Peut-être cette expression ne s'applique-t-elle qu'aux « let-

(1) Voici l'indication de ces ouvrages, tous dans le même format in-4° :
1° Anthologia Græca.
2° Apollinii Rhodii Argonautica.
3° Euripidis Medea, Hippolytus, Alcestis et Andromacha.
4° Callimachi Hymni.
5° Gnomæ monastichoi, ex diversis poetis, et Musæi de Herone et Leandro.

(2) Cette lettre à P. de Médicis ne se trouve pas à tous les exemplaires. On pense qu'après la prise de Florence par Charles VIII, en novembre 1494, l'éditeur crut devoir les retrancher des volumes qui lui restaient, comme pouvant lui nuire dans l'esprit du vainqueur. Ne serait-ce pas plutôt l'auteur lui-même qui l'aurait retranchée lorsqu'il fut un peu plus tard au service de la France ?

(3) Bibl. Mazarine (15e siècle, in-4°, n° 705). — Cette bibliothèque possède en outre un exemplaire détaché de l'épître de Lascaris. Cet exemplaire est joint à l'un des ouvrages du même éditeur, publié avec les mêmes caractères, et renfermant entre autres choses le poëme des amours de Léandre et Héro, par Musée. Le tout forme 18 feuillets in-4°. Ce volume est encore dans son ancienne reliure, sur laquelle on voit une vignette imprimée à sec, représentant saint Roch, ayant d'un côté son chien, et de l'autre un ange à genou. Au bas on lit en caractères gothiques : *S. Roche. libera nos. de. peste.* Ce qui semble rappeler la peste qui désola Paris au commencement du seizième siècle : voyez page 69. (Bibl. Mazarine, n° 10486, B. [ancien 728], in-4°, 15e siècle.)

(4) *Hist. de l'impr.*, p. 81.

« tres italiques, » que La Caille dit ailleurs (1) avoir été perfectionnées par Granjon. En tous cas, cet auteur fait certainement une confusion en donnant au graveur des caractères de 1494 le prénom de Robert : c'est *Jean* qu'il aurait dû écrire. En effet, d'après lui-même (2), Robert ne mourut qu'en 1573 ; or, quelque vieux qu'on le suppose alors, il est impossible d'admettre que cet artiste était déjà en état de graver des caractères en 1494. Jean Granjon, au contraire, qu'on dit frère aîné de Robert, mais qui pourrait bien avoir été son père, était déjà libraire en 1506 (3). Au reste, pour l'un comme pour l'autre, le renseignement me semble fort apocryphe.

L'honneur d'avoir gravé des caractères grecs complets revient de droit à Alde Manuce, qui, dans cette même année 1494, imprima à Venise une nouvelle édition de la Grammaire de Lascaris, et ne cessa dès lors de s'illustrer par ce genre d'impression (4). En alliant le cursif de Demetrius de Crète aux capitales de Janus Lascaris, il réalisa une forme de caractères qui fut généralement adoptée depuis.

La voie était tracée. La France ne pouvait tarder à y entrer. Dans cette même année 1494, Gering, l'un des importateurs de l'imprimerie à Paris, ou pour mieux dire son associé Berthold Rembolt (5), publia dans cette ville un gros volume in-folio de Nicolas Perot, intitulé : *Cornucopiæ seu commentarii linguæ latinæ*, dans lequel il y a des passages en grec. Ce caractère n'est pas trop disgracieux ; il porte déjà les accents sur la lettre. C'est, je crois, le premier grec qu'on ait vu à Paris. Aussi l'imprimeur a-t-il cru devoir joindre au verso du premier feuillet de son livre l'alphabet grec, avec indication de la valeur de ces lettres en latin. Ce caractère figure encore dans le Virgile de 1498 et dans une seconde édition de Perot, de 1500, publiés par les mêmes imprimeurs (6).

(1) *Hist. de l'impr.* p. 128.

(2) *Ibid.*

(3) *Ibid.*, p. 78, 79.

(4) Voyez sur cet illustre typographe le livre si complet de M. Ant.-Aug. Renouard, intitulé : *Annales de l'Imprimerie des Aldes*, 3e édition. 1 vol. in-8o. Paris, 1836. L'auteur fait remarquer (p. 405) que le caractère du Lascaris est encore fort grossier, mais qu'il fut immédiatement remplacé par d'autres, et ne reparut plus dans aucune impression d'Alde Manuce. Cette édition de la Grammaire de Lascaris est accompagnée de la traduction latine en regard, et ne fut réellement terminée qu'en 1495. Elle renferme à la fin un assez long errata. (Bibl. Sainte-Geneviève.)

(5) Quoique, par déférence, Gering soit nommé le premier dans les souscriptions des livres imprimés par cette association, la marque typographique de Rembolt paraît seule. Il était, en effet, l'âme de la société.

(6) Les deux éditions de Perot se trouvent à la Bibliothèque Sainte-Geneviève. Le Virgile de 1498 est à la Bibliothèque de l'Arsenal. (B. l. 250, in-4o.) C'est l'exemplaire même de la Sorbonne. Ce livre jouit dans le temps d'une certaine célébrité. Il était considéré comme exempt de fautes, grâce aux soins de Paul Maillet, régent de l'Université et professeur d'élo-

En 1505, Josse Bade imprima un ouvrage de Laurent Valla où on voit également paraître du grec avec capitales et accents; mais il est fort imparfait. L'imprimeur crut devoir demander l'indulgence du lecteur pour avoir laissé passer quelques fautes, surtout dans les accents, par suite de la pénurie des caractères : « Chalcographorum « erratis, præsertim in accentibus, ob penuriam characterum, hu- « maniter ignosces (1). »

Vers le même temps, Gilles de Gourmont publia de petits ouvrages latins dans lesquels on voit paraître quelques mots grecs sans accents et sans ligatures (2).

Ce n'était là qu'un prélude. Deux ans après, en 1507, Gourmont publia plusieurs ouvrages complétement grecs, sous la direction de François Tissard, d'Amboise, professeur à l'Université de Paris. Les accents sont ici placés en interligne au-dessus de la lettre. C'est la seconde phase des progrès de Gourmont dans l'impression du grec. Nous allons le voir faire deux nouveaux pas en ajoutant successivement des accents inhérents à son caractère et des ligatures.

Le premier ouvrage grec imprimé en 1507 par Gourmont fut le *Liber gnomagyricus*, contenant les sentences des sept Sages de la Grèce, les vers d'or de Pythagore, le poëme moral de Phocylide, les vers de la Sibyle d'Erithrée touchant le jugement dernier, et de plus l'alphabet grec et quelques autres petits opuscules. Tout cela forme trois feuilles et demie ou 14 feuillets in-4°. Sur la première page est la marque primitive de *Gilles de Gourmont*, qui ne porte que ces trois mots et les armes de cet imprimeur : un écu coupé, trois roses en chef et un croissant en pointe (3). Au bas on lit : « Venales reperiun-

quence, qui en avait surveillé l'exécution. La date d'impression se trouve sur le 7e feuillet, en comptant par la fin. Les mots grecs se trouvent à l'avant-dernier feuillet.

(1) Ce livre se trouve à la Bibliothèque Mazarine. Voici le titre qu'il porte : « Laurentii Vallensis viri tam græcæ quam latinæ linguæ peritis- « simi in latinam novi testamenti interpretationem, etc. »

(2) Ce caractère figure aussi dans un livret imprimé en octobre 1507, par Jean de Gourmont, sous le titre de *Preclare dicta septem Sapientium Grecie*, et dans lequel on trouve *Aristotelis de virtutibus interpretatio*. Ce livret, composé de deux feuilles in-4°, est très-intéressant au point de vue typographique, car il a des *titres courants* qui varient presque à chaque page. (Bibl. Mazarine, in-4°, c. 10487, pièce n° 10.) Il se termine par la souscription suivante : « Impressum fuit hoc elegans opus- « culum Parrhisiis, in angiportu clausi Brunelli, apud Joannem Gourmont, « sub signo cornu damme (*la corne de daim*) anno.... m. d. vij. mense « octobris, et illic venale reperies et ante collegium Cameracense. »

(3) L'apposition de ces armes sur la marque typographique de Gilles de Gourmont prouve, contrairement à l'opinion commune, que la profession d'imprimeur ne faisait pas déroger. (Voyez, au reste, ce que j'ai dit à ce sujet dans mon livre sur l'origine de l'imprimerie. T. I, p. 210, et t. II, p. 89.) Les Gourmont de Paris étaient en effet issus d'une famille noble

« tur in vico Sancti Joannis Lateranis, regione Cameracensis collegii, « apud Egidium Gourmont, diligentissimum et fidelissimum biblio- « polam. » Vient ensuite une dédicace de Tissard « studiosissimis et « litterarum cum latinarum amantissimis tum græcarum cupientissi- « mis. » Et à la fin, des vers en l'honneur du duc de Valois, depuis François Ier, et de Jean d'Orléans, évêque de Toulouse, plus tard cardinal de Longueville.

Dans sa dédicace, Tissard annonce le but de sa publication : il a voulu mettre les écoliers en état de lire le grec pour compléter leurs études latines. Il raconte les ennuis et les fatigues que ces premiers essais d'impression grecque lui ont coûtés. « D'abord, personne ne voulait se charger de l'impression, nul n'y voulait risquer son argent. Il fallait faire fondre des caractères, chose fort dispendieuse ; et puis les imprimeurs n'entendaient rien au grec ; ils n'étaient pas même en état de le lire. Pourquoi, après tout, disaient-ils, s'engager dans une entreprise dont on ne peut prévoir l'issue ? Arrêté par tant d'obstacles, Tissard s'est trouvé presque à bout de courage, mais non pas d'éloquence, heureusement. Il a parlé aux typographes d'honneur, de renommée, de gloire ; il a fait valoir

du Cotentin, qui subsiste peut-être encore, et qui portait les mêmes armes au dix-septième siècle. Gilles de Gourmont était venu se fixer à Paris vers les dernières années du quinzième siècle, ainsi que plusieurs autres de ses frères, qui exercèrent la même profession que lui. L'aîné, Robert, paraît déjà dans cette ville en 1498; Jean, le puîné de Gilles, ne paraît qu'en 1507. On voit encore figurer un Jérôme et un Benoît, libraires à Paris vers le milieu du seizième siècle. J'ignore quel était leur lien de parenté avec les premiers. Peut-être étaient-ils fils de Robert. (Benoît, marié à Catherine Goulard, fit baptiser un fils sous le nom de Gilles à l'église de Sainte-Croix-en-la-Cité, le 9 octobre 1540.) On voit également paraître un Jean-Théobald de Gourmont à Anvers en 1527. Quant à Gilles, il exerça la librairie et l'imprimerie de 1506 à 1533 environ, et laissa deux fils, Jean et François, qui conservèrent son établissement, rue Saint-Jean-de-Latran, et y imprimèrent, en 1587, les *Tableaux des arts libéraux de Christophe de Savigny*. C'est un in-plano en tête duquel on voit une magnifique gravure représentant les armes de la famille ayant pour support deux cerfs ailés couronnés au cou de couronnes ducales, et pour cimier un saint Michel tenant une épée nue. Cette composition remarquable, qui porte le chiffre des deux frères, doit être de Jean, l'aîné, qui était peintre et graveur. Le Musée du Louvre possède un tableau qu'on croit de lui (*Notice des tableaux du Louvre*, 3e partie, p. 156) ; il est l'auteur d'un beau portrait du cardinal de Bourbon cité par Mariette, et qui se trouve au Cabinet des estampes ; il est également cité par l'abbé de Marolles et par Papillon pour des cavalcades et des morceaux d'ornement dont la marque (formée des lettres IDG accolées) et le nom se trouvent sur plusieurs pièces citées par Brulliot, sur des planches d'une Bible de 1560, et sur certaines pièces en bois de Tortorel et Perrissim (Renouvier, *Maîtres graveurs du seizième siècle*, p. 195). On voit que Gilles eut de dignes successeurs ; malheureusement, en eux s'éteignit la race des Gourmont de Paris.

auprès d'eux non-seulement l'intérêt de la jeunesse, mais encore celui du bien public. Enfin il les a suppliés au nom des profits qu'ils ne pouvaient manquer de faire. Tant d'instances les ont vaincus.... Mais alors il s'est trouvé qu'ils n'avaient ni abréviations ni accents (1). « O pœnuriam miseram! o iniquam commiserandamque « rerum angustiam! Heu! quo dolore percellor! quo conficior! » Tissard résiste à ce coup. Il fit si bien par prières et promesses, que les imprimeurs se pourvurent de quelques accents et de quelques diphthongues..... C'est maintenant aux jeunes gens des écoles à tenir les promesses qu'il a faites en leur nom. Forcez, dit-il à ceux-ci, forcez les imprimeurs à vous donner des livres plus considérables; qu'ils voient seulement qu'on peut gagner quelque argent à ce métier (2). »

Le livre de Tissard se termine par la souscription suivante, où Gilles de Gourmont a soin de constater qu'il est le premier imprimeur de grec à Paris: « Operoso huic opus extremam imposuit « manum Egidius Gourmontius integerrimus ac fidelissimus pri- « mus, duce Francisco Tissardo Ambacæo, græcarum litterarum Par- « rhisiis impressor. Anno Domini M. CCCCC. vij. Pridie idus Aug. » (12 août.)

Gilles de Gourmont publia consécutivement dans la même année, avec les mêmes dispositions typographiques :

La *Batrachomyomachie* (3 feuilles), datée du 14 des calendes d'octobre, c'est-à-dire du 18 septembre;

Le livre d'Hésiode (7 feuilles), datée du 5 des calendes de novembre, c'est-à-dire du 28 octobre;

La Grammaire grecque de Chrysoloras (20 feuilles 1/2), datée des calendes de décembre (et non du 7 des calendes, comme l'a écrit par erreur Chevillier) (3), c'est-à-dire du 1er de ce mois (4).

(1) Nous venons de voir, en effet, que le grec de Gourmont n'avait pas d'abord ce complément.

(2) J'emprunte cette analyse à un très-intéressant essai historique publié par M. Rebitté sur *Guillaume Budé*. Paris, in-8°, 1846. (V. pag. 36 et suiv.). Ce travail fait parfaitement connaître les progrès de la langue grecque en France dans le seizième siècle. Il est à regretter seulement que l'auteur n'ait pas connu et utilisé un livre analogue, publié en Angleterre sous ce titre : *A view of the early Parisian greek press*. 2 vol. in-8°. Oxford, 1833, et que nous aurons occasion de citer dans le cours de ce travail.

(3) L'erreur de Chevillier provient de ce que la date est ainsi indiquée : M. CCCCC. vij. cal. dec. Il a rattaché le VII aux calendes, mais il appartient au millésime. D'autres bibliographes ont même donné à ces éditions la date de 1500, faisant une erreur analogue.

(4) Ces quatre ouvrages se trouvent ordinairement réunis dans le même volume. Il en est du moins ainsi aux Bibliothèques Mazarine et de Sainte-Geneviève, où ces volumes sont encore dans leur ancienne reliure. L'exemplaire de Sainte-Geneviève porte sur la tranche dorée le nom de son ancien propriétaire : « Maistre Jehan Calhiau, maistre des requestes de Monsr. » L'exemplaire de la Grammaire de Chrysoloras de la Sorbonne est à la Bi-

L'année suivante, Gourmont publia encore pour Tissard, avec les mêmes dispositions typographiques, une Grammaire hébraïque, dans laquelle il se hâte de prendre le titre de premier imprimeur de Paris pour l'hébreu, c'est-à-dire qu'il ajoute tout simplement le mot *hebræarum* après celui de *græcarum* dans la souscription, fidèlement calquée sur celle que j'ai transcrite plus haut, sauf la date, qui est ici le 4 des calendes de février (c'est-à-dire le 29 janvier) 1508. Il paraît même que l'ouvrage était fini auparavant, car on trouve la date du 12 janvier (pridiè idus) au verso de l'avant-dernier feuillet.

Ce livre (1), qui se termine par l'alphabet grec et par quelques prières dans la même langue, se compose de 24 feuilles in-4°, et est dédié au duc de Valois, jeune prince âgé seulement alors de quatorze ans, mais qui ne fit pas mentir les présages que faisaient concevoir ses études et ses goûts littéraires.

Tissard, pour une raison ou pour une autre, ne paraît pas s'être occupé d'impression après la publication de la Grammaire hébraïque; il n'est pourtant pas mort en 1508, comme le croit Chevillier (2), car la bibliothèque Mazarine possède encore un petit volume provenant de son cabinet, et renfermant un opuscule grec daté de 1509, dont nous allons parler. Peut-être crut-il devoir s'abstenir, en présence d'un maître plus savant que lui, Jérôme Aléandre, que Louis XII avait attiré en France, et qui, pendant quatre ou cinq ans, y occupa un des premiers rangs dans la république des lettres. « C'estoit, dit Chevillier (3), un homme de grande érudition, sçavant en hébreu, en grec et en latin. Il parloit et écrivoit ces langues comme si elles lui eussent été maternelles. Le roi Louis XII le fit venir d'Italie à Paris, où il enseignoit le matin les lettres grecques, expliquant le Platon, la Grammaire de Théodore Gaza et autres livres grecs, et l'après-midi il donnoit des leçons de Cicéron, suivi d'un grand nombre d'écoliers de toutes nations, écouté même des sçavants et des personnes de qualité, que son éloquence attiroit à ses harangues..... On venoit d'Allemagne pour l'entendre, et l'électeur palatin lui envoya son frère Volfang de Bavière, qui ne manquoit pas une de ses leçons, non plus que Jacques Simler, précepteur de ce prince.... Aléandre avoit une pension du roi de 500 écus d'or. Il étoit princi-

bliothèque de l'Arsenal; mais il est seul dans sa reliure. L'exemplaire de la Bibliothèque nationale est seulement joint à un alphabet hébraïque en grec, dont je parlerai plus loin. M. Renouard (*Bibliothèque d'un amateur*, tom. II, pag. 187) cite encore un petit ouvrage grec publié par Gourmont la même année (1507), et que je n'ai pu voir nulle part. Il est intitulé : « Musæi antiquissimi poetæ de Leandri et Herûs amoribus.» Il me semble étrange que ce livret n'ait pas été réuni aux autres, s'il est réellement de Gourmont, ce dont je doute.

(1) A la Bibliothèque Mazarine, ce livre est joint aux autres de l'année 1507, dans le même volume.

(2) *L'Origine de l'Imprimerie de Paris*, p. 251.

(3) *Ibid.*

pal du collége des Lombards, et fut élu recteur de l'Université l'année 1512, de toutes les voix, sans aucune difficulté, quoiqu'il n'y eût pas encore un an qu'il eût été reçu docteur ès arts (1).....»

Dès 1509, Aléandre fit imprimer chez Gilles de Gourmont, avec le caractère grec et dans le format que nous connaissons déjà, trois opuscules de Plutarque (*De vitio et virtute*, etc.), formant en tout dix feuilles d'impression (2).

Gourmont imprima ensuite, dans le même format, une seconde édition de la Grammaire de Chrysoloras, qui fut publiée, en 1511, par les soins de Vatable, un des disciples d'Aléandre, celui-ci étant tombé malade vers cette époque (3).

En 1512, Gourmont publia, pour le libraire Mathieu Bolsec (*Bolsecus*) le Lexicon grec-latin d'Aléandre (4), dédié par celui-ci à son

(1) Chevillier, *L'orig. de l'impr. de Paris*, p. 253. M. Rebitté, dans sa notice sur Budé, p. 135, paraît mettre en doute la réalité du professorat d'Aléandre. Il dit que c'était un homme politique. L'un n'empêche pas l'autre. Nous avons, de nos jours encore, plus d'un professeur homme politique. Au reste, les dédicaces des livres d'Aléandre ne laissent pas de doute sur ses fonctions littéraires. Elles sont presque toutes en l'honneur de quelqu'un de ses *élèves*.

(2) Panzer, *Ann. typ.*, t. VIII, p. 214, n° 2766, indique à tort cet ouvrage comme étant sans date. Il porte cette souscription: « Lutetiæ Parisiorum in ædibus Ægidii Gormontii, M. D. IX. pridie cal. Maii (30 avril 1509).....» La Bibliothèque Mazarine possède deux exemplaires de ce livre; l'un se trouve dans un recueil comprenant beaucoup d'autres pièces de ce genre (c. 10487), l'autre (14331) est accompagné seulement de deux opuscules d'Isocrate, sans aucune indication bibliographique; mais imprimés certainement vers le même temps et chez le même imprimeur. Ces opuscules sont ceux que décrit Panzer, tome IX de ses *Annales typographiques*, p. 327, n° 680 *b*, d'après Michel Denis (*Lisefrücte*, t. II, p. 18, n° 30), sans pouvoir leur assigner ni date, ni nom d'imprimeur; seulement il convient de leur donner un ordre différent de celui qu'il leur a assigné. Le discours à Nicoclès sur l'autorité (qui forme 4 feuilles) doit passer avant le discours à Démonique (3 feuilles et 1/2), comme le prouve le nom d'Isocrate, écrit en majuscules en tête de celui-là, et la lettre ornée (c'est un O) qui commence le texte, ce qui ne se trouve pas dans celui-ci. Le volume 14331 nous offre d'ailleurs un autre genre d'intérêt: c'est l'exemplaire même de Tissard, encore dans sa première reliure, et sur la tranche duquel on lit, en grosses lettres gothiques, semblables à celles qui paraissent sur le livre de Calhiau, conservé à la Bibliothèque Sainte-Geneviève (voyez la note 4 de la page 64 ci-devant): « Magister Franciscus Tissardi. »

(3) M. Greswell, *A view*, etc., t. I, p. 23, qui cite cette édition avec la date de 1512, en mentionne un autre de 1511. (C'est évidemment la même. Je n'ai pu éclaircir ce fait, n'ayant trouvé à Paris ni l'édition de 1511, ni celle de 1512). Ce qu'il y a d'étrange, c'est qu'après avoir mentionné cette prétendue 3e édition, Greswell cite celle de 1516 comme la 1re de Gourmont: « First impression of the *grammatica græca* of Chrysoloras » (t. I, p. 104).

(4) J'ai vu ce livre à la Bibliothèque Mazarine. Il doit être ailleurs.

élève Volfang de Bavière. Dans son introduction, l'auteur se plaint de l'état d'imperfection où se trouvaient encore les caractères grecs à Paris, et de leur petite quantité, qui forçait parfois d'interrompre pendant plusieurs jours une impression commencée ; c'est-à-dire d'attendre qu'une feuille ait été tirée pour pouvoir continuer la composition de la suivante. « Si quam misera sit in hac urbe græcæ impres- « sionis conditio cognosceres, quando præter impolitiam tam parvo « etiam numero characteres invenias, ut quod mercatorum vel negli- « gentia vel avaritia facit, non solum unam aut alteram literam inter « cudendum aliquando omittere, sed et totum opus plusculos dies in- « termittere necesse fuerit. » Il ajoute, toutefois, qu'on a essayé de suppléer à ces défauts dans son livre, et que les accents, qui avaient été jusque-là séparés dans les caractères de Gourmont, se trouvaient maintenant joints à la lettre : « Nam et accentus, non ut antea tem- « porarii, literis perpetuo adhærent, et furtivæ notæ quotidie exscal- « puntur, et favente Deo nihil posthac fiet in aliis libris non ad « amussim. » C'est là une amélioration véritable, et la troisième phase des caractères de Gourmont. Ainsi, ce même grec que nous avons vu paraître d'abord sans accents, puis avec accents placés en interligne, à la demande de Tissard, se trouvait désormais complet, grâce à la réunion de l'accent à la lettre dans la même matrice.

Cette circonstance permet de dater d'une manière générale quelques livrets sans indices publiés vers le même temps par Gourmont. Tous ceux qui ont l'accent séparé de la lettre sont de 1512 ou des années antérieures ; tous ceux où l'accent est uni à la lettre sont de 1512 ou des années suivantes.

Parmi les ouvrages de la première catégorie, il faut ranger, entre autres (1), le *Gnomologia*, où sont les sentences de Theognis, avec dédicace d'Aléandre à son élève Claude de Brissac, datée du 15 des calendes de décembre (17 novembre) 1512. Ce livre, qui forme 16 feuilles in-4° d'impression, exécuté pour le libraire Bolsec, fut suivi immédiatement après d'un recueil analogue (*Onomata*, etc., 8 feuilles d'impression), composé de sentences tirées d'auteurs moins spéciaux, et imprimé également pour le libraire Bolsec (ce livre est daté du 11 des calendes de janvier [c'est-à-dire du 22 décembre] 1512) ; puis du discours de Plutarque sur l'utilité qu'on peut tirer de son ennemi (6 feuilles d'impression, sans date).

Je rangerai dans la seconde catégorie :

1° Un petit travail d'Aléandre, intitulé : « Tabulæ sane quam utiles græcarum musarum adyta compendio ingredi cupientibus. » 1 feuille d'impression, in-4°, avec la nouvelle marque de Gourmont, sur laquelle on lit cet adage :

Tost ou tard, près ou loing,
A le fort du faible besoing.

(1) Il va sans dire que les opuscules d'Isocrate cités dans la note 2 de la page 66 sont dans la même catégorie.

2° Un opuscule de Jacques Musurus, intitulé : « Sententiæ sive apophthegmata septem Sapientium græcanica. » 3 feuilles d'impression, également avec la nouvelle marque de Gourmont (1).

3° Et enfin un petit *alphabet* inconnu aux bibliographes, qui se trouve à la Bibliothèque nationale (4° X, 62, a.), où il est joint à la Grammaire de Chrysoloras, de 1507, qu'il précède.

Ce livret, composé de 8 feuillets, ne porte aucun indice typographique, ni nom de lieu, ni date, ni nom d'imprimeur; on lit seulement sur le titre : *Alphabetum hebraïcum et græcum ;* mais son origine et sa date n'en sont pas moins faciles à déterminer. La première se tire de la forme des caractères grecs : ce sont ceux de Gourmont avec accents inhérents à la lettre. Quant à sa date, une circonstance particulière, qui m'a longtemps intrigué, permet de la fixer d'une manière positive à un ou deux mois près : le frontispice du livre est orné des armes d'Angleterre (2), accompagnées de ces vers :

Ut reliquos flores placido rosa vincit odore,
  Sic hec arma ferens cunctos excellit honore.
O regina, rosam promit dum lucifer, ortum
  Collige, sic speciem serves atque ejus odorem.

Or ces armes et ces vers sont une flatterie à l'adresse de Marie d'Angleterre, seconde femme de Louis XII, qui avait épousé cette princesse le 10 octobre 1514, et la laissa veuve le 1er janvier 1515. Quelques mois après, elle épousait en secondes noces Charles de Brandon, duc de Suffolk. Ainsi, c'est donc dans cet intervalle de moins de trois mois, du 10 octobre au 31 décembre 1514, qu'a été imprimé ce livret. Il est probable que cette impression eut lieu dès les premiers jours de l'arrivée de la princesse en France, arrivée qui donna lieu à de grandes réjouissances.

Ce curieux livre nous permet de signaler une nouvelle amélioration apportée aux caractères grecs de Gourmont : je veux parler des *ligatures*, dont on trouve une série au dernier feuillet. Je ne pense pas toutefois que ces signes aient été fondus. Leur grossièreté me fait croire qu'ils ont seulement été gravés. En effet, on ne les voit pas figurer dans le livre, dont voici, au reste, la description :

Au verso du titre, on voit un alphabet hébraïque. C'est tout ce qu'il y a de cette langue dans le livre.

(1) Tous ces livrets se trouvent réunis dans le recueil 10487 de la Bibliothèque Mazarine.

(2) Ce qui causait mon embarras, c'est que je prenais ces armes pour une marque d'imprimeur. Je fis demander à M. Panizzi, directeur de la Bibliothèque de *Bristish Museum*, à Londres, s'il connaissait un typographe qui eût adopté pour sa marque les armes d'Angleterre. Il répondit que non; et je reconnus alors que ces armes étaient tout simplement une vignette de circonstance, comme on en voit dans les livres publiés par Geofroy Tory, dont je parle ailleurs.

Au recto du second feuillet sont quelques pièces de vers latins signées *Petri Anto. Cagianigi, Paulini Carnevali, Jo. Francisci Cruci.*

Au verso se trouve l'alphabet grec, suivi de quelques règles grammaticales, puis des prières en grec et en latin.

Le septième feuillet est terminé par cette pièce de vers :

Antonelli Arcimboldi tetrastichon.

Currite Phocaici nunc prata per itala fontes,
Currite fœlices, magnus Apollo jubet,
Branda decus Latiæ necnon virtutis amator
Cecropiæ, duplex vult diadema puer.

Quoique ce feuillet se termine par le mot *finis*, on a ajouté un huitième feuillet, sur lequel sont figurées les abréviations grecques dont je viens de parler, et une prière au lecteur de pardonner les erreurs qui auraient pu se glisser dans le livre par la faute des imprimeurs (*impressorum incuria*).

Je n'ai pu voir les *Opuscules de Lucien*, sans date, dont parle Chevillier (1), non plus que les *Idylles de Théocrite*, de 1513, qui furent dédiées à Aléandre (alors fixé à Orléans, où il était allé continuer ses cours, à cause de la peste qui désolait Paris) par un de ses élèves, « Celsus Hugo Dissutus Cavillonus, celticarum necnon hebraïcarum apud Parrhisios interpres. »

En 1516, Gourmont publia encore un Alphabet hébreu et grec, la Grammaire grecque de Théodore Gaza et celle de Chrysoloras.

Quelque progrès qu'ait fait depuis le commencement du siècle l'étude de la langue grecque à Paris, grâce aux publications de Gourmont, elle était encore si peu familière aux autres imprimeurs de cette ville, que le libraire Jean Petit, qui fit imprimer en 1517 une édition de l'*Adagia* de Polydore Vergile, fut obligé de laisser en blanc dans ce livre les proverbes grecs, et cela faute de compositeurs, *fidelium penuria compositorum* (2). En 1519 même, Jean Chappuis, faisant imprimer les *Institutes de Justinien* chez Charlotte Guillard, veuve de Berthold Rembolt, réclame l'honneur d'avoir inséré quelques passages grecs dans son livre (3), publié avec l'assistance de George Hermonyme, qui passait alors à Paris pour un prodige de science, quoiqu'il ne sût guère, dit-on, que lire et écrire le grec (4).

Cet état de choses ne pouvait pas se prolonger plus longtemps.

(1) *L'Origine de l'imprimerie de Paris*, p. 251. Panzer (*Annales typogr.*, VIII, 214, nº 1765) possédait ce livre, qu'il dit à tort n'avoir été cité par personne.

(2) Je cite ce fait d'après Chevillier, p. 192, car je n'ai pu voir le livre de Polydore Vergile à Paris.

(3) Je cite ce fait d'après M. Greswell, car je n'ai pu trouver non plus cette édition des *Institutes* à Paris.

(4) Rebitté, *Guill. Budé*, p. 143.

Bientôt toutes les imprimeries importantes de Paris (1) furent pourvues de caractères grecs et d'ouvriers en état de les composer.

En 1519, Jose Bade imprimait les Epigrammes grecques d'Ange Politien (2); en 1520, les Epîtres de Guillaume Budé, et, en 1521, la Grammaire de Théodore Gaza.

En 1521 pareillement, Pierre Vidoue imprimait le Lexicon grec-latin de Nicolas Beraud, etc.

Il y a ici une lacune qui ne peut être remplie que par les nombreuses impressions de Gilles de Gourmont.

En 1528, Simon de Colines imprimait un Sophocle, et Robert Estienne un *Alphabet grec* (3).

(1) Il en fut de même à Lyon, où dès 1510 je vois paraître du grec avec accents dans un Quintilien édité par Geofroy Tory, in-8°, sans lieu ni date, ni nom d'imprimeur; caractères italiques. On voit déjà quelques mots grecs dans une édition des *Epistolæ ad familiares de Cicéron* publiée à Lyon en 1499, par Jacques *Zaco*. (Voyez *Bibliographie lyonnaise du quinzième siècle*, par M. Péricaud, p. 44.)

(2) Je ne mentionne ici que des ouvrages entièrement en grec. Si je voulais rappeler tous les imprimeurs qui employaient du grec dans leurs livres, il me faudrait mentionner presque tous les imprimeurs de Paris. Ainsi, dès 1509, Henri Estienne en mettait dans son *Psalterium quintuplex*, magnifique in-4° qui sent encore son quinzième siècle par l'exécution typographique; Nicolas du Pré dans le Lactance qu'il imprima en 1513 pour Jean Petit, etc. M. Greswell (t. I, p. 104) cite encore, en 1513, *Institutiones grammaticæ Aldi Manutii cum accentibus græcis restitutæ*, in-4°, imprimé par Josse Bade et par Poncet Le Preux, ce qui, suivant lui, ferait deux éditions différentes du même livre, la même année, dans la même ville. Je ferai d'abord remarquer qu'il s'agit ici de la grammaire latine d'Alde Manuce, publiée pour la première fois par lui en 1501, et non de la grammaire grecque du même auteur, qui ne parut pour la première fois qu'en 1515, par les soins de Marc Musurus. Ensuite je dirai que Poncet Le Preux, n'étant pas imprimeur, n'a pu imprimer le livre que lui attribue Greswell. J'ai vu, en effet, une édition de la grammaire latine d'Alde Manuce, in-4°, imprimée *pour* Poncet Le Preux, en 1513, le 1er février (kal. feb.); mais ce livre ne porte pas de nom d'imprimeur, et la forme du grec qui s'y trouve en petite quantité me porte à croire qu'il sort de l'officine de Gilles de Gourmont. Quant à l'édition attribuée à Josse Bade, et qui porte la date des ides d'avril 1515, suivant Panzer (*Ann. typ.*, t. IX, p. 3), je n'ai pu la voir, et je doute de sa réalité. C'est ainsi que tous les bibliographes citent, d'après le *Catalogue de la bibliothèque Letellier*, une édition des discours de Nectaire et saint Jean Chrysostome, imprimée par Charlotte Guillard en 1514, édition qui n'a jamais existé, la première de toutes étant de 1554. Cette erreur était facile à reconnaître : Charlotte Guillard ne pouvait imprimer en son nom en 1514, puisqu'elle était alors femme de Berthold Rembolt, qui ne mourut qu'en 1519. M. Greswell cite encore *Eustathius de Ismeniæ et Ismenas amoribus*, in-8°, 1518; mais la première édition de ce livre est de 1618. Combien d'autres éditions ne doivent ainsi leur prétendue existence qu'à une erreur de chiffre!

(3) On appelait ainsi de petits livrets de quelques feuillets où étaient réunis tous les éléments de la langue grecque. C'étaient en réalité de petites

En 1529, Simon du Bois (*Sylvius*) imprimait la Grammaire de Théodore Gaza pour Chrétien Wechel, qui se signala lui-même bientôt après par ses impressions grecques.

En 1530, Gérard Morrhy imprimait dans le collége de la Sorbonne (1), et probablement dans le local qu'avait jadis occupé la première imprimerie parisienne, un Lexicon grec-latin, suivi d'une foule d'autres ouvrages.

En 1531, Michel Vascosan imprimait *Alcinoüs, de Doctrina Platonis*, etc.

En 1532, Chrétien Wechel imprimait Aristote, Démosthènes, etc.

En 1533, Antoine Augereau imprimait Hésiode.

En 1534, Pierre Gaudoul imprimait la Grammaire de Gaza.

En 1535, Jean Lodoicus imprimait *Xenophontis œconomicus*, etc.

En 1536, Jean-Louis Tiletan imprimait quelques opuscules de Lucien.

Nous nous arrêterons ici, car à l'époque où nous sommes arrivés cette nomenclature ne pourrait donner qu'une idée très-imparfaite des progrès qu'avait faits alors l'étude de la langue grecque sous l'impulsion des Budé, des Lefebvre d'Etaples, des Chéradame, des Toussain, des Pierre Danes, etc. Ce ne sont plus d'ailleurs des essais que produit l'imprimerie, ce sont des chefs-d'œuvre. Les typographes sont des savants du premier ordre, qui ne se contentent pas d'être des éditeurs intelligents; ils remplissent souvent le rôle de commentateurs. Vers cette époque, l'un d'eux, qualifié d'*imprimeur du roi*, reçut, à ce titre, de François Ier, mission de faire graver ces fameux types grecs qui ont servi pendant trois siècles à l'impression des plus belles éditions. (Voyez mon travail sur ces types royaux.)

grammaires à l'usage des étudiants. Il en est qui ont plus de 50 pages d'impression. Ce qui constate bien les progrès que faisait alors en France l'étude de la langue grecque, c'est le grand nombre d'opuscules de ce genre qui parurent dans la première moitié du seizième siècle. Il n'est pas un des imprimeurs que je nomme ici qui n'ait publié une ou plusieurs éditions de ces alphabets. On en connaît plus de quatre de Robert Estienne pour le grec seul, quoique beaucoup de ces plaquettes aient dû se perdre.

(1) Cette circonstance ne l'empêcha pas de blâmer les violences de la Sorbonne envers Erasme, à qui il écrivit à ce sujet une lettre citée par Maittaire.

POST-SCRIPTUM.

Paris, le 25 juin 1856.

Des circonstances indépendantes de ma volonté ayant retardé la publication de ce travail, dont l'impression a été commencée dans le mois de janvier, j'en profite pour consigner ici un renseignement nouveau emprunté à l'article que vient de publier M. Didot sur les Estienne dans le seizième volume de la *Nouvelle Biographie générale*, et qui dissipe en partie l'obscurité dont la mort de Robert II est entourée :

« Un document irrécusable, découvert dernièrement dans les archives de Genève, et dont M. Gaullieur a bien voulu de nouveau vérifier l'exactitude sur les registres du consistoire de l'Eglise de Genève, fait mourir *Robert*, frère de *Henri Estienne*, à Genève antérieurement au 2 novembre 1570. On y lit : « Henri Estienne, appelé pour l'inhumanité exercée à l'en- « droit de *Robert son frère, naguère décédé*, et n'avoir point assisté à son « enterrement, confesse ne s'estre trouvé à l'enterrement de son dict frère « parce qu'il estoit lors en volonté d'aller faire baptiser ses enfants à Vi- « rey. Le dict Henri Estienne, admonesté de la dureté dont il avoit usé « à l'endroit de son frère, quoi qu'il ait sceu dire, a esté ainsi renvoyé « au jugement de Dieu. » D'autres documents non moins authentiques, que M. Gaullieur me communique à l'instant (28 mai 1856), constatent également la mort de Robert Estienne à Genève et le désaccord qui existait alors entre les deux frères. Mais par quel concours de circonstances Robert, resté catholique, avait-il quitté Paris et se trouvait-il à Genève, mal avec son frère, et dans le dénuement ? On ne le saurait dire. La fin de Robert, attestée par cet acte, n'a donc pas été moins déplorable que celle de presque tous les autres membres de son illustre famille. » (Col. 558.)

Ailleurs M. Didot dit, en parlant de la marque des impressions royales que j'ai donnée page 17, qu'elle représente « un basilic à tête de salamandre, s'enroulant, ainsi qu'une branche d'olivier, sur une pique. » (Col. 495.) Cette explication semble plus naturelle, en effet, que celle empruntée par moi à M. Renouard, car elle est mieux adaptée à la devise grecque placée au-dessous.

Paris. Imp. de Paul Dupont, rue de Grenelle-Saint-Honoré, 45.

www.ingramcontent.com/pod-product-compliance
Lightning Source LLC
Chambersburg PA
CBHW051607060726
47597CB00004B/1186

* 9 7 8 2 0 1 2 8 6 1 3 9 8 *